Kochen für jeden Tag

Rezepte von Allgäuer Bäuerinnen

© AVA Verlag Allgäu GmbH – 1. Auflage 2001

Herausgeber & Verlag:
AVA Verlag Allgäu GmbH
Postfach 3153 – 87440 Kempten/Allgäu
Telefon: (08 31) 5 71 42-0 – Fax: 7 90 08

Redaktion & Layout:
Maria Anna Weixler-Schürger

Titelfoto: Sigrid Breher
Titelgestaltung: Sigrid Breher, AVA Verlag

Gesamtherstellung:
AVA Verlag Allgäu GmbH
Porschestraße 2 – 87437 Kempten

Kochen für jeden Tag

Rezepte von Allgäuer Bäuerinnen

Liebe geht bekanntlich durch den Magen … und wen lieben wir nicht alles:
Unsere Männer, unsere Kinder, Vater und Mutter,
den Schwiegervater und die Schwiegermutter, und natürlich –
und vor allem – unsere Freundinnen und Freunde.
Und all jene verwöhnen wir gelegentlich mit kulinarischen Köstlichkeiten.
Wobei es Ansichtssache ist, ob es nichts Größeres als Kartoffelsuppe gibt,
oder ob es schon ein Bœuf Stroganow sein sollte;
ob besser ankommt, wenn schnell was Schmackhaftes auf den Tisch kommt,
oder ob es, für einen besonderen Anlass, dann doch
zumindest Vorspeise, Hauptgang und Nachtisch hintereinander sein sollten.
Was immer Sie, und wann auch immer, kredenzen möchten,
ob Suppen oder Hauptgerichte, mit oder ohne Fleisch,
Aufläufe, Nudelgerichte und -soßen,
Fisch, Süße Hauptgerichte, Beilagen, Nachtische oder Kuchen –
zu all diesen Bereichen finden Sie in diesem Buch verschiedene Vorschläge,
die alle eines gemeinsam haben:
Sie schmecken wirklich und sind obendrein vielfach erprobt.
Denn vorgekocht und für gut befunden wurden die Rezepte alle
von Allgäuer Landfrauen, die tagtäglich in ihren Küchen stehen,
und nicht nur Mann und Frauen satt machen müssen,
sondern auch wissen, dass es gerne mal was Neues sein darf
– und dass letztlich noch immer auch das Auge mitisst.

Und damit es auf den Allgäuer Tischen nie langweilig wird,
haben wir in diesem Buch ein buntes Sammelsurium an Rezepten
zusammengetragen: von Allgäuer Traditionsgerichten
bis zu raffiniertem Nicht-ganz-Alltäglichem.
Was stellen Sie sich beispielsweise unter Fleischbollen,
Schwindelbraten, Bayernsuppe, Pfundstopf, Falschem Fisch,
Heu und Stroh, Brennesselschnitzel oder Nudelpizza vor?
Lassen Sie sich überraschen!
Und lassen Sie uns Ihnen viel Freude beim Nachkochen
und gutes Gelingen wünschen,
sowie allzeit einen guten Appetit,

Ihre

Inhalt

Aufläufe

Suppen

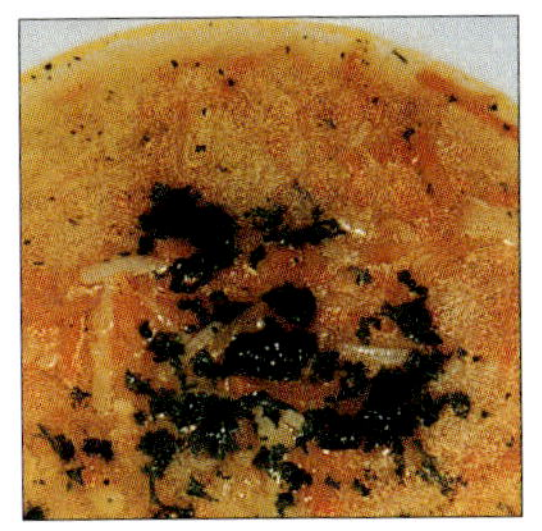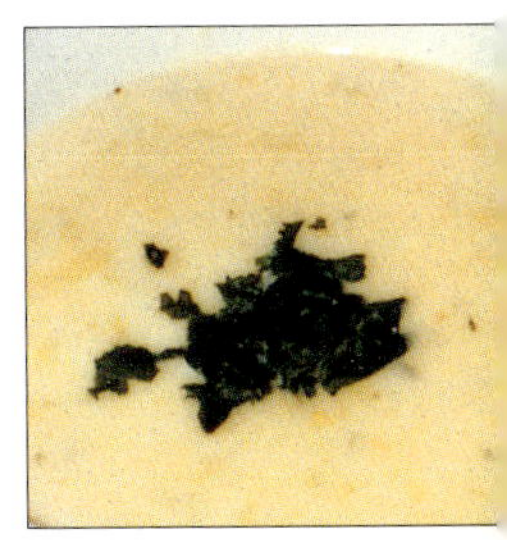

Käsesuppe
mit Hackfleischklößchen

Zutaten:
für die Klößchen:
1 Zwiebel,
300 g Hackfleisch,
1 Ei,
Salz, Pfeffer

für die Suppe:
4 gestrichene EL Butter
oder Margarine,
3 gestrichene EL Mehl,
ca. 1 ¼ l heiße Fleisch-
oder Gemüsebrühe
(aus Würfeln),
1 kleine Dose Erbsen,
2 Ecken Kräuter-
Schmelzkäse (125 g),
2 EL Schnittlauch

Zwiebel schälen und klein hacken. Mit Hackfleisch, Ei und Gewürzen in einer Schüssel zu Fleischteig verarbeiten. Abschmecken und ovale Klößchen daraus formen.

Butter oder Margarine im Suppentopf erhitzen, Mehl darin anschwitzen. Die Brühe unter Rühren angießen, aufkochen und 5 Minuten kochen lassen. Öfters umrühren. Käse in die Suppe flocken und rühren, bis er sich aufgelöst hat. Erbsen und die Klößchen in die Suppe geben.

10 bis 15 Minuten gar ziehen lassen.

Die Suppe in vorgewärmte Teller oder Tassen geben, mit Schnittlauch verzieren und servieren. Dazu passen Roggenbrötchen oder Stangenweißbrot.

Die Suppe lässt sich gut vorbereiten und eignet sich sehr gut als Parygericht.

Von Monika Fischer,
Illertissen

Schnelle Kartoffelsuppe

Zutaten:
etwas Öl,
100 g gekochtes
Wammerl und/oder
1 bis 2 Paar Wiener,
500 g Kartoffelbrei
(Rest vom Vortag),
$3/4$ bis 1 l Wasser,
Schnittlauch,
eventuell Backerbsen

Öl erhitzen, gewürfeltes Wammerl anbraten, feine Wienerlescheiben zugeben, mitbraten bis sie Farbe bekommen haben, dann herausnehmen, Kartoffelbrei in den Topf geben, mit Wasser aufgießen, aufkochen, mit gekörnter Brühe abschmecken. Wienerle und Wammerl zugeben und sofort servieren, Backerbsen und Schnittlauch dazu reichen.
Diese Suppe (mit mehr Kartoffelbrei und Wiener) eignet sich hervorragend als Hauptgericht.

Von Anneliese Schöllhorn,
Betzigau

Brotknödel (für Suppe)

Zutaten:
6 alte Semmel,
$\frac{1}{4}$ l Milch,
$\frac{1}{2}$ Zwiebel,
3 Eier,
200 g rohes Wammerl,
Petersilie, Salz,
Butterschmalz

Semmel in Scheiben schneiden. Salz darüberstreuen und mit heißer Milch übergießen.
Die zugedeckten Semmel etwas durchziehen lassen. Nun die Zwiebel und das Wammerl fein würfeln. Reichlich Butterschmalz in eine Pfanne geben und die Zwiebel mit dem Wammerl darin anschwitzen. Nun die Semmel dazugeben und weiter anbraten, bis die Semmel in Stücke zerfallen.
In einer Schüssel die ausgekühlten Semmel, Eier, Petersilie und eventuell etwas Salz zu einem Knödelteig vermengen. Zuletzt Knödel formen und diese in kochendem Salzwasser garziehen lassen.
Mit frischer Fleischbrühe und Schnittlauch als Suppe servieren.

Von Claudia Bartenschlager,
Sontheim

Knoblauchcremesuppe

Zutaten:
1 Knoblauchknolle,
1 Zwiebel,
20 g Butter,
1¼ l Gemüsebrühe,
300 ml nicht zu kalte
Sahne,
4 EL Weißwein,
Salz, Pfeffer,
Suppengewürz,
3 Eigelb

Die ungeschälte Knoblauchknolle 20 Minuten kochen. Die Zwiebel fein würfeln und in der Butter andünsten. Mit Brühe aufgießen und 10 Minuten kochen. Die Knoblauchknolle abgießen, schälen, in die Suppe geben und pürieren. Sahne zugeben, aufkochen und mit dem Weißwein und den Gewürzen abschmecken. Die Eigelbe mit etwas Flüssigkeit verrühren und in die heiße (nicht mehr kochende) Suppe rühren.

Diese feine Suppe überzeugt auch Leute, die Knoblauch sonst nicht schätzen!

Von Ute Keppeler,
Blöcktach

Feine Gurkenrahm-Suppe

Zutaten:
1 Zwiebel,
etwas Butter,
Brühe,
Salz, Pfeffer,
etwas Schlagrahm,
1 Salatgurke,
etwas Dill

Zwiebel in feine Würfel schneiden und in Butter andünsten. Mit Brühe aufgießen und nach Bedarf Salz und Pfeffer zugeben. Einen guten Schuß Schlagrahm hinzufügen und alles ca. 8 Minuten köcheln lassen.

Die Salatgurke schälen und in feine Würfel schneiden. Gurke und Dill in die Suppe geben und nochmals aufkochen lassen.

Von Angelika Gast,
Linsen-Waltenhofen

Lebernockerlsuppe

Zutaten:
100 g Butter,
1/2 geschnittene Zwiebel,
etwas Salz,
etwas Muskatnuss,
etwas Majoran,
3 Eier,
ca. 100 g Mutschelmehl,
250 g gemahlene Leber

Die Butter schaumig rühren, Zwiebel, Salz und Gewürze dazugeben.
Die Eier darunterrühren und dann das Mutschelmehl, zuletzt die Leber dazugeben.
Mit dem Eßlöffel Knödel formen und in die kochende Suppenbrühe geben. Ca. 20 Minuten ziehen lassen, nicht kochen!

Von Anni Kornes,
Dingisweiler-Ronsberg

Linseneintopf

Zutaten:
1 Zwiebel,
250 g Frühstücksspeck,
1 Dose Linsen,
1 Dose Kartoffelwürfel,
1 Gemüsebrühwürfel,
Salz, Pfeffer, Muskat,
1 TL Thymian,
1 Dose Karottenwürfel

Zwiebel klein schneiden, Frühstücksspeck, Karotten und Kartoffeln in Würfel schneiden. Margarine in den Topf geben, klein geschnittene Zwiebel und die Würfel vom Frühstücksspeck andünsten. Eine Dose voll Karottenwürfel dazugeben. Die Dose soll genauso groß sein wie die Linsendose. Die gleichgroße Dose Kartoffelwürfel und etwas Thymian dazu. Sofort mit 1 l Wasser aufgießen, sonst brennt es gleich an. Kochen lassen, bis Karotten und Kartoffel weich sind, aber nicht auseinander fallen. Ein paar Mal umrühren. Linsen abseihen, mit Wasser überbrausen und dazugeben. Es muß so viel an Flüssigkeit zugegeben werden, dass es nicht zu dick und nicht zu dünn wird. Einen Gemüsebrühwürfel hineinbröseln. Nach Geschmack salzen, Pfeffer und Muskat. Mit gehackter Petersilie bestreut servieren.

Von Helena Ziegler,
Honsolgen-Buchloe

Warmer Meerrettich

Zutaten:
Stück Butter oder
Suppenfett,
1 oder 1 ½ EL Mehl,
geriebener Meerrettich,
Brühwürfel

Das Stück Butter oder Suppenfett läßt man heiß werden, gibt 1 oder 1 ½ EL Mehl dazu und kocht es kurz auf, damit es ganz hell bleibt, gibt den Meerrettich hinzu. Kocht dann mit kräftiger Suppe auf, eventuell salzen.

Von Stefanie Jäger,
Fricken-Böhen

Käse-Zwiebel-Suppe

Zutaten:
4 bis 6 Zwiebeln,
50 g Butter,
30 g Mehl,
1 l Fleischbrühe,
120 g geriebener Käse
z.B. Emmentaler,
4 EL Crème fraîche,
Salz, Pfeffer

Die Zwiebeln schälen und fein würfeln. In der Butter glasig dünsten. Mit Mehl bestäuben und mit der Fleischbrühe ablöschen.
15 Minuten köcheln lassen.
Die Suppe von der Kochstelle nehmen und den Käse unterziehen. Abschmecken mit Crème fraîche, Salz und Pfeffer.
Dazu reicht man geröstete Weißbrotwürfel.
Schmeckt gut in der kalten Jahreszeit.

Von Petra Hartmann,
Aichstetten

Brätknödelsuppe

Zutaten:
500 g Brät,
Handvoll fein gehackte
Petersilie,
4 Eier,
2 EL Mehl

Alle Zutaten zu einem Teig verarbeiten. Mit nassen Händen Knödel formen und 15 bis 20 Minuten in heißem Salzwasser ziehen lassen. Nach dem Herausnehmen gut abtropfen lassen und in Fleischbrühe mit Backerbsen anrichten.

Von Resi Kempten,
Riedhof-Wangen

Brezgasuppe

Zutaten:
4 Brezen,
1 mittlere Zwiebel,
4 Scheiben durchwach-
sener Bauchspeck,
50 g Butter,
1 l gute Fleischbrühe,
100 g geriebener
Emmentaler

Zwiebel in feine Würfel schneiden und in einer Pfanne mit 50 g Butter glasig anschwitzen. Bauchspeck ebenfalls in Würfel schneiden und dazugeben. Brezen in 1 cm große Scheiben schneiden und mit Speck und Zwiebel goldbraun anrösten. 1 l gute Fleischbrühe und die gerösteten Brezen hineingeben. Den geriebenen Emmentaler oben drüber streuen und sofort servieren.

Von Cilli Heckelsmiller,
Kaltbronn-Legau

Grießknödelsuppe

Zutaten:
¼ l Milch,
125 g Grieß,
65 g Butter,
3 Eier,
Muskat, Salz

Milch mit Butter und Salz aufkochen, Grieß einrühren, aufkochen, abrühren und etwas abkühlen lassen. Dann die Eier unterrühren und würzen. Mit einem Eßlöffel Knödel abstechen und in Salzwasser ca. 15 bis 20 Minuten garkochen. In Brühe anrichten, mit Schnittlauch bestreuen.

Von Maria Diebolder,
Lachen

Gebackene Grießknödel

Zutaten:
¼ l Milch,
125 g Grieß,
50 g Butter,
3 Eier,
Salz, Fett

Milch, Butter und Salz im Topf kochen, Grieß unterrühren und so lange bei mäßiger Hitze kochen, bis sich die Masse vom Topf löst. Wenn sie erkaltet ist, ein Ei nach dem anderen einrühren, Klößchen formen, schwimmend im Fett backen.

Schmecken sehr gut als Suppeneinlage in einer klaren Fleischsuppe.

Von Marlene Wegmann,
Bad Grönenbach-Ittelsburg

Lauchcremesuppe mit Käse

Den Lauch putzen, abbrausen und in feine Ringe schneiden. 5 Minuten in Salzwasser blanchieren und abgießen.

Kartoffeln schälen, waschen, würfeln. In Butterschmalz andünsten. Brühe und Sahne angießen. Den Schmelzkäse in kleine Stücke teilen und mit dem Wein in die Suppe geben. Etwa 20 Minuten köcheln lassen. Die Hälfte der Lauchringe unterrühren. Suppe im Mixer pürieren. Mit Salz, Pfeffer und Muskatnuss abschmecken. Die Suppe in Tassen füllen und mit restlichem Lauch garniert servieren.

Von Andrea Brey,
Pfaffenwinkel/Memmingen
und (ohne Kartoffeln) von
Sabine Straub,
Moosbach-Sulzberg
(kleines Bild)

Gemüsesuppe

Zutaten:
250 g Gemüse,
1 Zwiebel,
20 g Butter,
Brühe,
Salz,
Petersilie oder Schnitt-
lauch

250 g Gemüse, das die Jahreszeit bietet, bei mir Kartoffeln, Karotten und Weißkraut. 1 Zwiebel klein geschnitten in 20 g Butter andünsten und dann das vorbereitete Gemüse zugeben. Mit 1 l Wasser aufgießen (oder Knochenbrühe). Mit gekörnter Brühe und Salz würzen. Garzeit ca. 20 Minuten.
Mit Petersilie oder Schnittlauch aufwerten.

Von Barbara Diebolder,
Lachen

Grüne Suppe
(Gründonnerstagsuppe)

Zutaten:
2 Handvoll Kräuter,
z.B. Giersch, Löwenzahn-
blätter, Brennesseln,
Gundermann,
Scharbockskraut,
Spitzwegerich,
Pimpinelle,
Wasser,
4 EL Mehl,
3 EL Butter,
1 l Wasser,
½ Becher Sahne

Kräuter waschen, klein schneiden und in wenig Wasser weich dünsten. Aus Butter, Mehl eine helle Mehlschwitze bereiten, mit Wasser ablöschen. Die gedünsteten Kräuter dazugeben und mit den Gewürzen abschmecken. Mit einem Sahnetupfer servieren.
Diese Suppe gibt es im Frühjahr, um den ganzen Stoffwechsel wieder in Schwung zu bringen.

Von Betha Grath
Rutzhofen-Stiefenhofen

Hackfleisch-Käsesuppe

Zutaten:
500 g Hackfleisch,
2 Zwiebel,
2 Stangen Lauch,
1 l Fleischbrühe,
2 Schmelzkräuterkäse,
2 Schmelzsahnekäse,
Salz, Pfeffer, Curry

Zwiebeln fein hacken, andünsten. Hackfleisch und Lauch zugeben, mit Brühe aufgießen. 2 Stunden köcheln lassen, Käse kurz vor dem Servieren zugeben. Abschmecken.

Zu dieser Suppe schmeckt am besten Stangenweißbrot oder Semmeln.

Diese Suppe läßt sich sehr gut vorbereiten, wenn man Partygäste erwartet.

Von Ulrike Denk,
Feldbauer-Oberegg

Suppe
mit fritiertem Blumenkohl

Zutaten:
1 kleiner Blumenkohl,
125 g Mehl,
Salz,
2 bis 3 Eier,
ca. ¼ l Milch,
Fleischbrühe

Den Blumenkohl putzen, in Röschen teilen, waschen, in kochendem Salzwasser kernigweich kochen. Aus Mehl, Salz, Eiern und Milch einen Pfannkuchenteig herstellen. Den abgekühlten Blumenkohl in den Teig geben. Einzelne Blumenkohlröschen in heißes Öl geben und fritieren. Den fritierten Blumenkohl in eine Suppenschüssel geben und mit heißer Suppenbrühe (Fleischbrühe) übergießen. Mit Schnittlauch bestreuen.

Von Irmgard Grath,
Burkatshofen-Stiefenhofen

Kürbis-Cremesuppe

Zutaten:
1 kg Kürbisfleisch,
1 Zwiebel,
50 g Fett,
1 EL Mehl,
1 l Wasser oder Brühe,
Kräuter (Schnittlauch,
Basilikum, Oregano, Dill),
Salz, Pfeffer, Curry,
¼ l Sahne,
schwarze Kürbiskerne

Kürbisfleisch würfeln, Zwiebel klein schneiden, beides in heißem Fett andünsten, mit Mehl bestäuben, leicht ansetzen lassen, mit Wasser oder Brühe aufgießen, 10 Minuten köcheln lassen, dann pürieren und kräftig würzen.
Zum Schluss mit Sahne verfeinern.
Servieren mit Sahnetupfer, gehackten Kürbiskernen und Schnittlauch.
Dazu schmeckt geröstetes Stangenweißbrot.

Von Sofie Albrecht,
Krugzell-Altusried

Schwäbischer Erbseneintopf

Zutaten:
1 bis 1 ¼ kg Kartoffeln,
1 große Dose Erbsen,
100 g roher, durchwach-
sener Speck,
2 bis 3 Würfel Fleisch-
suppe,
Butterschmalz,
Wasser, Salz,
Suppenwürze

Kartoffeln schälen, in Würfel schneiden und in Salzwasser garkochen (nicht zu weich). Die Hälfte der Salzkartoffeln pürieren.

Speck in kleine Würfel schneiden und in etwas Butterschmalz anbraten.

Die Hälfte der Erbsen pürieren und zusammen mit den pürierten Salzkartoffeln, Wasser und Fleischsuppen-Würfeln dem Speck zugeben.

Wasser und Fleischbrühwürfel je nach gewünschter Konsistenz dosieren.

Nun die restlichen Salzkartoffeln und Erbsen zugeben, alles gut aufkochen lassen und abschmecken.

Schmeckt sogar den Kleinsten.

Von Melanie Engler,
Maierhöfen

Hirnklößchen-Suppe

Zutaten:
Kalbs- oder Schweinehirn,
1 Ei,
Spritzer Suppenwürze,
Muskat,
Salz,
Mutschelmehl

Hirn mit heißem Wasser überbrühen, enthäuten. Mit dem Mixer verrühren. Danach Ei, etwas Muskat, Salz und Spritzer Suppenwürze dazurühren. Dann so viel Mutschelmehl dazurühren, dass man Klößchen abstechen kann mit einem kleinen Löffel. (Vorsicht, Mutschelmehl quillt auf). Ins leicht siedende Wasser geben und 15 Minuten ziehen lassen. Mit Schaumlöffel herausnehmen und in eine selbstgekochte Fleischbrühe geben und Schnittlauch darüber. Schmecken genauso gut wie Brätknödel.

Von Ottilie Kees,
Frankenhofen

Backene Knödel für Suppe

Zutaten:
8 Eier,
etwas Salz,
Schnittlauch,
Semmelbrösel,
Fett

Eier, Salz, Schnittlauch mit Handrührgerät schaumig rühren. Inzwischen Fett heiß machen. Dann in die geschlagene Masse so viel Semmelbrösel einrühren, dass es einen nicht zu festen Teig gibt. Mit einem Eßlöffel Knödel formen und im heißen Fett schön braun backen. Nach dem Erkalten in die Fleischsuppe oder Suppenbrühe geben.
Eine beliebte Festtagssuppe.

Von Laura Feneberg,
Eggenthal

Bayernsuppe

Zutaten:
1 große Dose
Champignons,
100 g Butter,
1 l Fleischbrühe,
2 EL Mehl,
¼ l Sahne,
100 g geräucherter Speck
(durchwachsen),
2 EL Öl,
500 g Rinderhackfleisch,
2 Stangen Lauch,
Salz, Pfeffer,
3 Ecken Schmelzkäse

Champignons abtropfen lassen, in Butter andünsten, Fleischbrühe (eventuell auch Würfel) aufkochen und aufgießen. Die Sahne in einer großen Tasse mit dem Mehl verrühren und in die kochende Suppe einrühren. Das Champignons-Fleischbrühe-Gemisch ca. 8 Minuten köcheln lassen. Verwenden Sie dazu einen großen Topf. Als nächstes den Speck in einer Pfanne in Öl anbraten (Speck kleingewürfelt geschnitten), das Hackfleisch dazugeben und langsam weiterbraten.

Den gewaschenen, in feine Ringe geschnittenen Lauch dazugeben und mitdünsten lassen. Das ganze Hackfleischgemisch in die heiße Suppe geben, mit Salz und Pfeffer abschmecken.

3 Ecken Schmelzkäse in kleine Flöckchen schneiden und zur Suppe geben, schmelzen lassen. Vor dem Servieren Schnittlauch auf die Suppe streuen.

Dazu passt Stangenweißbrot.

Von Vevi Endres,
Weißensee-Fischen

Staudenselleriesuppe
Champignon de Luxe

Zutaten:
1 EL Butter,
30 g Zwiebel,
150 g Staudensellerie,
70 g rohe Kartoffeln,
1 mittelgroße Zucchini,
¼ l Sahne,
¼ l Brühe,
Salz, Pfeffer, Muskat,
200 g Champignons
de Luxe (Käse)

Zwiebel in Butter glasig dünsten. Sellerie und Zucchini waschen, Kartoffel schälen, alles in kleine Würfel schneiden und andünsten. Die Sahne und Brühe in den Topf geben und 10 Minuten bei kleiner Hitze kochen lassen. Danach die Suppe mit Salz, Pfeffer und Muskat abschmecken. Den Champignon de Luxe entrinden und in kleine Würfel schneiden, diese in die Suppe geben und nochmals kurz aufkochen lassen, danach sofort heiß servieren.

Schmeckt sehr fein und ist schnell fertig!

Von Klara Berkmann,
Aach-Oberstaufen

Gyrossuppe

Zutaten:
1 ½ kg Gyros gewürzt,
1 l Sahne,
3 Päckchen Zwiebelsuppe,
je 2 rote, grüne, gelbe
Paprika,
1 große Dose Mais,
je 1 kleine Flasche Chili-
und Zigeunersoße

Gyros nach und nach scharf anbraten und das Ganze dann mit Sahne kurz aufkochen.
Über Nacht stehen lassen!
Die 3 Päckchen Zwiebelsuppe in 2 l Wasser einrühren und erhitzen.
Paprika in Streifen schneiden und kurz mit aufkochen.
Mais, Chili- und Zigeunersoße dazugeben und nochmals kurz aufkochen lassen.
Gyros und Zwiebelsuppe vermischen, aufkochen – fertig!

Von Anna Rapp,
Marktoberdorf

Hauptgerichte mit Fleisch

Knuspriger Käse-Hackbraten

Zutaten:
500 g gemischtes
Hackfleisch,
1 alte Semmel,
1 Ei,
1 Zwiebel,
Salz,
schwarzer Pfeffer,
Muskat,
Paprika,
1 TL Butter,
1 EL Semmelmehl,
100 g gekochter
Schinken,
150 g Bavaria blue,
4 Tomaten,
½ Bund Dill

Das Hackfleisch mit der eingeweichten und ausgedrückten Semmel, dem Ei und der feingehackten Zwiebel zu einem Fleischteig verarbeiten. Mit den Gewürzen abschmecken. Die Hälfte vom Teig in eine gefettete und mit Semmelmehl ausgestreute Auflaufform geben. Schinkenscheiben mit den kleingeschnittenen Käsewürfeln aufrollen und in den Teig drücken. Tomatenscheiben darauf legen und mit dem kleingeschnittenen Dill bestreuen. Den restlichen Teig darauf geben und gut andrücken. Den Hackbraten im vorgeheizten Backofen bei 200 Grad 1 Stunde knusprig braten.
Dazu Salat servieren.

Von Hildegard Geiger,
Pless

Schnelle Bohnenpfanne

Zutaten:
Nudeln,
Bohnen,
Eier,
geräucherter Bauch

Bohnen waschen und in Stücke schneiden, in Salzwasser garkochen. Gewürfelter Bauch, gekochte Nudeln und Bohnen in einer Pfanne anrösten und mit den Eiern abstocken.

Von Monika Rabus,
Oberbuxach-Memmingen

Schweinefleisch süß-sauer

Zutaten:
400 g Schweinefleisch,
2 EL Weißwein,
Sojasoße,
Öl,
je ½ rote und grüne
Paprika,
2 Karotten,
1 bis 2 Zwiebeln,
1 bis 2 Chicorée,
½ Packung Erbsen,
2 bis 3 EL Sojakeime,
3 EL Essig,
3 EL Zucker,
3 EL Ketchup,
Speisestärke,
½ Dose Ananas

Schweinefleisch in feine Scheiben schneiden. Weißwein und 2 EL Sojasoße mischen und Fleisch darin 15 Minuten marinieren, Öl erhitzen, Fleisch anbraten.

Rote und grüne Paprika in feine Streifen schneiden. Karotten, Zwiebeln, Chicorée kleinschneiden, zum Fleisch geben und glasig werden lassen. Erbsen und Sojakeime dazugeben. Essig, Zucker, Ketchup, 4 EL Sojasoße, eventuell 1 TL Mehl/Speisestärke verrühren und das Gemüse und Fleisch ablöschen; Gemüse sollte nur bißfest sein. Mit Salz, Pfeffer, Fleischbrühe und eventuell Tabasco würzen. Ananas in Würfel kurz ziehen lassen.

Dazu passt gut Reis und Salat.
Schmeckt so gut wie beim Chinesen

Von Sieglinde Geier,
Oflings-Wangen

Rotweinhähnchen

Zutaten:
1 Hähnchen,
1 Zwiebel,
150 bis 200 g
Champignons,
1 kleine Aubergine,
1 mittelgroße Zucchini,
2 Karotten,
2 Knoblauchzehen,
Salz, Pfeffer,
Paprika, Thymian,
1 Bund Petersilie,
etwas Öl,
½ Flasche Rotwein,
100 ml Brühe,
zum Verfeinern etwas
Schlagrahm

Das Gemüse zerkleinern und in eine gefettete Auflaufform geben. Rotwein, Brühe und Gewürze miteinander verrühren und über das Gemüse gießen. Das Hähnchen zerteilen und auf das Gemüse legen. Öl mit Salz, Paprika und Pfeffer vermischen und mit dem Pinsel die Hähnchen bestreichen.

Im Backofen bei 200 Grad ca. 40 bis 50 Minuten schmoren lassen. Hähnchenschenkel servieren und je nach Geschmack die Gemüsesoße mit Mondamin andicken und mit Sahne verfeinern. Dazu schmecken frischer Salat sowie Pommes frites, oder auch Nudeln.

Dieses Gericht geht schnell und schmeckt sehr gut.

Von Barbara Gast,
Immenstadt

Gemüseeintopf
(mit Fleisch/Wurst)

Zutaten:
1 kg Gemüse, je nach
Art zerkleinert und
geschnitten,
30 g Butterschmalz,
30 g Speckwürfel,
1 Zwiebel, in Ringe
geschnitten,
1 Knoblauchzehe, gehackt,
500 g Kartoffeln, grob
gewürfelt,
Salz, Pfeffer,
Paprika,
gestoßener Kümmel,
¼ bis ½ l Fleischbrühe
(Würfel oder Wasser),
1 Bund Kräuter, gehackt

Von Irmgard Ott,
Bad Waldsee-Osterhofen

Man verwendet verschiedene Gemüse, je nach
Jahreszeit und Marktangebot (Paprikaschoten,
Zucchini, Tomaten vertragen eine Spur Knob-
lauch, Kohlgemüse würzt man mit Kümmel).
In einem weiten Topf Butterschmalz mit Speck-
würfeln erhitzen, Zwiebel und Knoblauch (je nach
Gemüseart) andünsten. Gemüse lagenweise ein-
schichten und dabei würzen. Als letzte Schicht
gibt man Kartoffeln darüber.
Seitlich heiße Flüssigkeit aufgießen, Deckel aufle-
gen. Bei mäßiger Hitze je nach Gemüseart 30 bis
45 Minuten garen, ohne dabei umzurühren.
Mit Kräuter bestreuen. Wer möchte, kann gegen
Ende der Garzeit Kasseler Rippchen, gekochtes
Wammerl in Scheiben oder Brühwurst auf das
Gemüse legen und erhitzen. Der Gemüseeintopf
ist schnell zubereitet und ist geradezu ideal, um
diverse Gemüsereste aufzubrauchen.

Curryhuhn

Zutaten:
2 bis 3 Putenbrust,
50 g Butter,
3 Zwiebeln,
1 bis 2 Äpfel,
2 EL Mehl,
¾ l Wasser,
1 kleine Dose Aprikosen,
¼ l Sahne,
3 EL Currypulver,
Salz

Putenbrust (oder auch Schnitzel) in Würfel schneiden und in Butter anbraten, Fleisch herausnehmen.

Eventuell nochmals Butter nachgeben und die geschnittenen Zwiebelringe und Apfelscheiben darin andünsten.

Mehl und Currypulver einstreuen, alles miteinander verrühren.

¾ l Wasser aufgießen und vorsichtig salzen. Zugedeckt ca. 20 Minuten sanft kochen, bis die Äpfel zerfallen. Soße durchpassieren oder mit Zauberstab durchmixen.

Das Fleisch hinzugeben, ebenso die Aprikosen. Vorsichtig erhitzen. Zum Schluß die Sahne einrühren, kurz aufkochen lassen und würzen.

Von Karin Grotz,
Memmingen

Gefüllter Chicorée

Zutaten:
4 Chicorée-Stauden,
1 Zwiebel,
1 TL Butterschmalz,
250 g Champignons
100 g gekochter
Schinken,
1 Ei,
2 EL Semmelbrösel,
4 EL geriebener Allgäuer
Emmentaler

Die Chicorée-Stauden putzen und halbieren. Die bitteren Strünke wegschneiden. Die Staudenhälften in kochendem Salzwasser einmal aufwallen, dann im Sieb abtropfen lassen. Die Zwiebel fein hacken und im Butterschmalz glasig braten. Champignons putzen, in Scheiben schneiden und kräftig durchbraten. Den Schinken würfeln und kurz mitbraten. Zwiebel, Champignons und gekochten Schinken in eine Schüssel füllen. Das Ei und die Semmelbrösel unterarbeiten. Chicorée-Hälften in eine gebutterte Auflaufform legen und die Füllung darauf verteilen.

Leicht andrücken. Den geriebenen Allgäuer Emmentaler daraufstreuen.

Bei 200 Grad 15 bis 20 Minuten überbacken.

Dazu passen Tomatensoße und Petersilienkartoffeln.

Von Gabriele Timm,
Hamburg

Schweinefleischgratin
mit Champignons

Zutaten:
500 g Schweinefleisch,
3 EL Butterschmalz,
Paprika, Pfeffer,
$\frac{1}{8}$ l Fleischbrühe,
400 g frische
Champignons,
60 g geräuchertes
Wammerl,
1 große Zwiebel,
20 ml trockener
Weißwein,
$\frac{1}{2}$ Becher Sahne,
Salz, Pfeffer,
$\frac{1}{2}$ TL Paprika,
150 g geriebener
Emmentaler,
Butter für die Form,
Schnittlauch

Fleisch in feine Scheiben oder Streifen schneiden und in einer flachen Pfanne mit Butterschmalz anbraten, mit Paprika und Pfeffer würzen und mit Fleischbrühe aufgießen.

Bei geringer Hitze 20 Minuten in geschlossenem Topf schmoren.

Champignons waschen, putzen und in Scheiben schneiden.

Butter in einer Pfanne schmelzen, gewürfeltes Wammerl, gehackte Zwiebeln und Champignons andünsten, mit Pfeffer und Salz abschmecken und mit Wein angießen. Köcheln lassen.

Schlagrahm zugeben und mit dem Fleisch vermischen. Abschmecken und alles in eine Auflaufform geben und Käse darüber streuen.

Im Backofen bei 200 Grad ca. 20 Minuten überbacken. Mit Schnittlauch bestreuen.

Man reicht dazu Stangenweißbrot.

Von Gisela Längst,
Markt Rettenbach

Schaschlik in der Pfanne

Zuerst das Schweinefleisch in kleine Würfel schneiden und mit Salz, Pfeffer und Paprika würzen. Dann das Rauchfleisch in dünne Scheiben schneiden (ca. 0,5 cm) und zusammen mit dem Schweinefleisch in eine Pfanne geben und gut andünsten.

Die Zwiebel vierteln und die einzelnen Schalen voneinander trennen und mit den kleingeschnittenen Essiggurken und Paprika in die Pfanne geben und kurze Zeit mitdünsten. Die Schaschliksoße, das Ketchup und Wasser gut miteinander verrühren und aufgießen.

Den Deckel daraufsetzen und anschließend bei schwacher Hitze ca. 25 Minuten lang leicht kochen lassen.

Zum Schluss das Ganze mit etwas Mehl binden.

Dazu: Salzkartoffeln und Salat.

Dieses Gericht koche ich sehr gerne, weil es der ganzen Familie schmeckt.

Von Ida Helchenberg, Weitnau

Allgäuer Käse-Kassler

Zutaten:
4 bis 5 Kassler Rippchen,
Pfeffer-Paprika-Steak-
Gewürz,
Essiggurken,
Zwiebel,
Pilze,
Käse,
Bratensoßenpulver

Zubereitung: Kassler (ohne Knochen) mit Pfeffer, Paprika und Steakgewürz würzen (nicht salzen), beidseitig in der Pfanne kräftig anbraten, kleingeschnittene Essiggurken und Zwiebel dazugeben. Bratensoßenpulver mit Mehl und Wasser anrühren und dem Fleisch beigeben. 10 Minuten kochen lassen. Dann Fleisch herausnehmen, mit Pilzen und Käsescheiben (Emmentaler) belegen und zum Überbacken kurz ins Backrohr schieben. Soße abschmecken!
Beilagen: Nudeln, Reis, Kartoffelsalat.
Ist schnell zubereitet und kommt immer gut an!
Guten Appetit.

Von Hannelore Gebele,
Böhen

Fleischbollen

Zutaten:
500 g Mehl,
4 Eier,
knapp ¼ l Wasser,
Salz,
1 Handvoll Bratenrest,
Soße vom Braten,
Salat

Spätzleteig herstellen, Bratenrest zerzupfen und unter Teig rühren. Mit Esslöffel kleine Teigklumpen in sprudelndes Wasser gleiten lassen, aufkochen und unter kaltem Wasser abschrecken.

Die Bollen mundgerecht zerkleinern und in einer Pfanne mit heißem Fett anbraten.

Mit heißer Bratensoße und Salat servieren.

Von S. Traut,
Leutkirch

Englisches Senfsteak

Zutaten:
1 EL Weinessig,
2 EL Öl,
1 Prise Salz,
reichlich Pfeffer aus der
Mühle,
1 TL mittelscharfer Senf,
2 Schweinesteaks zu je
150 g,
1 kleine Dose
Champignons,
1 EL feingehackte
Petersilie

Den Weinessig mit 1 EL Öl, dem Salz, dem Pfeffer und dem Senf verrühren. Die Schweinesteaks von beiden Seiten mit der Senfmischung einreiben und 1 Stunde in der Marinade liegen lassen.

In einer Pfanne das restliche Öl erhitzen. Die Steaks aus der Marinade nehmen und, ohne abtropfen zu lassen, im heißen Öl in 5 Minuten je Seite schön knusprig braun braten.

Inzwischen die Champignons aus der Dose abtropfen lassen und in Scheiben schneiden, die fertigen Steaks aus der Pfanne nehmen und warm stellen. Die übriggebliebene Marinade in die Pfanne gießen. Den Bratensatz damit löschen und darin die Champignonscheiben mit der Petersilie erhitzen. Die Champignons mit der Soße über den Schweinesteaks anrichten.

Von Waltraud Küchle,
Memmingen

Lammragout
mit Gemüse und Püree

Zutaten:
1 kg Lammfleisch,
in 4 cm große Würfel
geschnitten,

für die Marinade:
6 EL Olivenöl,
Saft von 1 Zitrone,
1 EL Weinessig,
1 TL gehackte
Rosmarinnadeln,
5 gehackte frische
Salbeiblätter,
2 feingehackte
Knoblauchzehen,
10 zerdrückte
Wacholderbeeren,

für das Gemüse:
250 g Bohnen,
1 Zwiebel,
2 Karotten (100 g),
$\frac{1}{4}$ l Brühe,
Rosmarin,
Majoran,
Petersilie

Von Waltraud Küchle,
Memmingen

Das Lammfleisch 3 Stunden in der Marinade ziehen lassen. Nach den 3 Stunden Fleisch mit der Marinade in eine Kasserolle geben und mit einem Deckel gut verschließen und im vorgeheizten Backofen bei 180 Grad ca. 45 Minuten schmoren lassen. Inzwischen das Gemüse waschen und putzen, die Bohnen in 3 cm lange Stücke, die Zwiebel in Ringe und die Karotten in Scheiben schneiden. Nach 45 Minuten das Gemüse zum Fleisch in die Kasserolle geben und mit $\frac{1}{4}$ l Brühe aufgießen. Auf dem Herd bei mittlerer Hitze in weiteren 45 Minuten fertig garen. Das Lammragout mit den gehackten Kräutern bestreuen und mit Kartoffelpüree, garniert mit gerösteten Semmelbröseln und gehackter Petersilie servieren.

Bœuf Stroganow

Zutaten:
500 g Schweine- oder
Putenfleisch,
40 g Fett

für die Soße:
40 g Fett,
1 Zwiebel,
3 EL Mehl,
500 ml Brühe,
1 TL Senf,
Salz,
2 Essiggurken,
1 rote Paprikaschote,
1 Dose Champignons,
2 EL saure Sahne oder
Crème fraîche

Die Zwiebel in feine Ringe schneiden und im heißen Fett andünsten, mit Mehl stauben und aufgießen.

Essiggurken in dünne Scheiben, Paprika in feine Streifen schneiden, mit Senf und Salz zur Soße geben und ca. 15 Minuten leicht kochen lassen.

Champignons in Scheiben schneiden, andünsten und mit der sauren Sahne oder Crème fraîche in die Soße einrühren.

Fleisch in Würfel oder Streifen schneiden, würzen, anbraten und zur Soße geben.

Eventuell mit Salz und Pfeffer nachwürzen.

Von Marianne Brey,
Pfaffenwinkel-Memmingen

Kaninchen in Senf-Estragonsoße
mit grünen Bohnen im Speckmantel

Das Kaninchen waschen, abtrocknen, enthäuten, vom Fett befreien und Keulen und Läufe vom Rücken trennen. Die Estragonblätter fein hacken und mit dem Senf verrühren. Die Butter in einer Rostbratpfanne erhitzen. Die Fleischstücke mit Salz und Pfeffer einreiben, mit der Hälfte des Senfs von allen Seiten bestreichen, in die Rostbratpfanne legen und in den Backofen schieben. Nach etwa 30 Minuten Bratzeit den Wein und die Brühe hinzugießen und das Fleisch garen lassen.

Zutaten:
1 Kaninchen
(Rücken, Keulen, Läufe
etwa 2 ¼ kg),
1 Bund Estragon,
100 g Senf,
50 g Butter,
Salz,
Pfeffer,
200 ml Weißwein,
½ l Brühe,
500 g grüne Bohnen,
⅛ l Salzwasser,
Bohnenkraut,
8 bis 10 dünne Scheiben
durchwachsener Speck,
1 TL Zucker,
1 bis 2 Becher (à 150 g)
Crème fraîche,
Worcestersauce

Die Bohnen waschen, die Stiele abschneiden und eventuell die Fäden abziehen. Die Bohnen mit dem Bohnenkraut in das kochende Salzwasser geben, zum Kochen bringen und etwa 3 Minuten kochen, abtropfen lassen und mit Salz und Pfeffer würzen. Jeweils 7 bis 10 Bohnen mit je 1 Speckscheibe umwickeln und etwa 30 Minuten vor Beendigung der Garzeit des Kaninchens mit in die Rostbratpfanne legen. Fleisch und Bohnen aus der Pfanne nehmen, auf eine vorgewärmte Platte legen und warm stellen. Den Bratensatz durch ein Sieb in einen Kochtopf gießen und etwa um die Hälfte einkochen lassen. Den restlichen Senf, den Zucker und die Crème fraîche unterrühren und die Soße mit Worcestersauce abschmecken. Einen Teil der Soße über das Fleisch geben und die restliche Soße dazureichen.
Garzeit etwa 1 ¼ Stunden bei ca. 200 Grad.

Von Waldtraud Küchle,
Memmingen

Putenrouladen

Putenschnitzel dünn klopfen, salzen und pfeffern. Mit Schwarzwälder Schinken, Blattspinat und Gouda füllen.

Fest zubinden, anbraten und mit Suppenbrühe aufgießen.

Mit Crème fraîche abschmecken.

Dazu grüne Nudeln, Kroketten und Salat reichen.

Guten Appetit!

Von Sylvia Müller,
Helchenried

Schwindelbraten

Zutaten:
ca. 10 Portionen:
ca. 1 ½ kg Schweinenacken,
1 Zwiebel,
1 Lauch,
1 Karotte,
½ Knolle Sellerie,
1 l Wasser,
½ l Rotwein,
¼ l Essig,
2 EL Wacholderbeeren,
2 EL Pfefferkörner,
1 Lorbeerblatt,
1 EL Nelken,
100 g Senfkörner,
1 EL Basilikum,
1 EL Salz,
Zitronenschale,
2 kleine Fichtenzweige,
2 EL Fett,
Zucker,
½ l Bratensoße,
¼ l Rahm,
1 Stamperl Kirschlikör,
3 EL Preiselbeeren

Wurzelwerk putzen und grob zerkleinern. Mit Gewürzen und Fichtenzweigen ins Wasser-Rotwein-Essig-Gemisch geben und kurz aufkochen. Die Beize erkalten lassen und über den Schweinenacken gießen. Dieser soll mindestens 1 Woche an einem kühlen Ort darin liegen. Das Fleisch gut abtropfen lassen. Im Fett auf allen Seiten gut anbraten. Unterdessen die Beize durch ein Sieb gießen und damit von Zeit zu Zeit den Braten ablöschen. Nach 1 Stunde die heiße Bratensoße hinzugeben und den Braten darin 20 Minuten ziehen lassen. Zum Schluß Braten in Scheiben schneiden, die Soße mit Rahm, Kirschlikör und Preiselbeeren verfeinern.
Passende Beilagen: Blaukraut, Kartoffelknödel und Spätzle. Koche ich gerne wenn ich Gäste einlade, da ich hier viel am Vortag vorbereiten kann.

Von Anita Scheitle,
Unterthingau

Steak Hawaii

Zutaten:
Steaks oder Schnitzel
vom Rind/Kalb, Schwein
oder Pute,
Steak- und Grillgewürz
oder alternativ Salz,
Pfeffer, Paprika edelsüß,
Ananasscheiben,
Scheibletten- oder
Emmentaler- oder
Bergkäsescheiben

Fleisch würzen, mit etwas Mehl überstreuen und in heißem Butterfett oder Öl in der Pfanne von beiden Seiten gut anbraten. Dann bei mittlerer bis kleiner Hitze weiterbraten, bis das Fleisch gar ist.

Das Fleisch nun auf einen feuerfesten Teller geben, mit Ananasscheiben und Käse belegen und in der Backröhre kurz überbacken, bis der Käse schmilzt.

(Besonders schnell geht das Überbacken in der Mikrowelle.)

Mal was anderes – schmeckt fruchtig und saftig!

Von Martina M. Eugler,
Maierhöfen

Steak Romanoff mit Basilikumreis

Zutaten:
200 g Reis,
2 EL Basilikum,
2 gut abgehangene Rinderfiletsteaks (à 200 g),
3 kleine Zwiebeln,
ca. 15 EL Tomatenketchup,
ca. 15 EL Sahne,
¼ l Wasser,
2 Bund Petersilie,
Salz,
Pfeffer,
Öl zum Braten,
2 Schuss Cognac

Die Steaks leicht pfeffern und ausgiebig mit Öl bestreichen (nicht salzen). Eine Pfanne sehr heiß werden lassen und die Steaks darin auf jeder Seite ca. 3 Minuten braten. Dann erst salzen. Sie sollen außen knusprig und innen rosa und saftig sein. Die Steaks aus der Pfanne heben und warm halten. Im Bratenfond die gehackten Zwiebeln dünsten. Tomatenketchup, Sahne, Wasser und gehackte Petersilie zugeben. Die Soße kurz aufkochen lassen, mit einem Cognac abschmecken und über die Steaks gießen. Dazu Basilikumreis servieren.
Basilikumreis: Reis kochen, wenn Reis gar ist, dann das Basilikum unterheben.

Von Sonja Baiz,
Weitnau

Kartoffelpüree mit Leberkäse
und Apfelmus

Zutaten:
ca. 1 ½ kg Kartoffeln,
Salz,
100 ml Milch,
ca. 500 g Leberkäse,
1 Glas Apfelmus oder
Apfelkompott

Kartoffeln schälen, würfeln und in etwas Salzwasser garen. Leberkäse in 1 cm große Würfel schneiden. Wenn die Kartoffeln gar sind, dann die Milch dazugeben und mit dem Handrührgerät zu Kartoffelpüree rühren. Jetzt die Leberkäsewürfel unter das Kartoffelpüree heben. Dazu nach Belieben Apfelmus oder kaltes Apfelkompott essen.

Von Sonja Baiz,
Weitnau

Kartoffel-Cordon bleu

Zutaten:
Kartoffelteig:
500 g Kartoffeln,
60 bis 80 g
Kartoffelmehl,
Salz,
1 Ei

zum Füllen:
4 große Scheiben
gekochter Schinken,
4 kleine Scheiben
Emmentaler

für die Panade:
1 Ei,
Semmelbrösel,
Fett zum Ausbacken

Kartoffelteig nach Grundrezept herstellen, in 4 Teile teilen, in Mehl zu Fladen auswellen (doppelt so groß wie die Käsescheiben). Den Käse zwischen die zusammengeklappten Schinkenfladen legen, die Ränder mit Eiweiß bestreichen, eine Teighälfte darüberklappen, gut andrücken. Es soll kein Schinken oder Käse hervorschauen. Die Teigküchlein panieren und in Fett ca. 5 Minuten auf jeder Seite backen.
Dazu passen Rohkostsalate.

Von Rita Wiedemann,
Hohenschlau-Breitenbrunn

Buntes Geflügelallerlei

Zutaten:
500 g gekochtes
Hühnerfleisch,
je 1 rote und grüne
Paprikaschote,
200 g Champignons,
1 Dose Maiskörner
(280 g),
2 EL Butter oder
Margarine,
¼ l Hühnerbrühe,
1 EL Mehl,
1 Tasse Sauerrahm,
Salz,
Pfeffer,
Paprika,
Curry,
1 Tasse Weißwein

Hühnerfleisch in Würfel schneiden, Paprikaschoten und Pilze in Streifen schneiden, Maiskörner abtropfen lassen.

Das Gemüse in Fett andünsten, mit Hühnerbrühe aufgießen und garen.

Das Mehl mit dem Sauerrahm verrühren und die Flüssigkeit damit binden.

Das Hühnerfleisch hinzufügen und erhitzen. Das Ganze mit Salz, Gewürze und Wein herzhaft abschmecken. Mit Reis und Salat servieren.

Garzeit: 30 Minuten.

Von Ursula Schlumpp,
Buch-Ritzisried

Überbackene Lyoner

Zutaten:
½ Ring Lyoner,
150 g Wammerl,
1 kleine Zwiebel,
1 kleine Dose Pilze,
ca. 100 g geriebener
Emmentaler

Die Lyoner der Länge nach halbieren und vierteln und in eine feuerfeste Form legen (wer es würzig mag, bratet sie vorher mit wenig Fett ab). Das kleingeschnittene Wammerl andünsten, kleingeschnittene Zwiebel und Pilze dazugeben und kurz andünsten. Über die Lyoner geben und mit Emmentaler bestreuen. Im Backofen bei 180 bis 200 Grad 15 Minuten backen.

Dazu passen Salzkartoffeln und grüner Salat.

Es geht schnell und kann gut vorbereitet werden.

Von Maria Seitz,
Westernach

Putengeschnetzeltes
mit Käsesahnesoße

Zutaten:
500 g Putenschnitzel,
Salz,
Pfeffer,
3 Becher Crème fraîche,
1 Becher süße Sahne,
200 g geriebener
Emmentaler

Das Putenfleisch wird geschnetzelt und mit Salz und Pfeffer gewürzt. In den Bräter gebe ich die Crème fraîche, Sahne und das Fleisch.
Das Ganze wird bei 200 Grad ca. 1 Stunde gegart.
Kurz vor dem Ende streue ich den Emmentaler darüber.
Beilagen: Salate und Weißbrot.

Von Maria Osterried,
Roßmoos-Stötten

Überbackene Schnitzel

Zutaten:
½ Wirsing,
3 große Karotten,
2 mittlere Zwiebeln,
1 Glas Champignons,
100 g Speck,
4 EL Öl,
4 Schweineschnitzel,
Salz,
Pfeffer,
Paprika,
200 g Sahne,
100 g Käse

Wirsing putzen und in Streifen schneiden. Karotten putzen, in Scheiben schneiden und 5 Minuten in Salzwasser verkochen. Zwiebeln und Speck würfeln, Champignons in Scheiben schneiden. Etwas Öl erhitzen und die Speck-Champignons zugeben und dünsten, mit Salz und Pfeffer würzen. Die Mischung aus der Pfanne nehmen und beiseite stellen. Das restliche Öl erhitzen und die Schnitzel anbraten und mit Salz, Pfeffer und Paprika würzen.

Wirsing und Karotten in eine gefettete Auflaufform geben, die Schnitzel darauf legen und mit der Champignon-Speck-Masse bedecken. Sahne darübergeben und mit dem geriebenen Käse bestreuen.

Garzeit etwa 30 Minuten bei 160 Grad Heißluft. Beilagen: Pell- oder Salzkartoffeln.

Von Roswitha Köhler,
Kalzhofen-Oberstaufen

Würziger Paprika-Fleischtopf

Zutaten:
4 Rinderrouladen
(je 100 g),
4 gemischte Paprika-
schoten,
4 bis 5 Zwiebeln,
4 Tomaten,
3 EL Speiseöl,
4 EL Sojasauce,
¼ l Schlagsahne,
1 TL Currypulver,
Salz,
Pfeffer

Rouladen in Streifen schneiden. Paprikaschoten halbieren, entstielen, entkernen, Schoten waschen und in Streifen schneiden. Zwiebel schälen, halbieren und in Streifen schneiden. Tomaten häuten und in Stücke schneiden. Öl in einer Pfanne erhitzen und die Fleischstreifen darin anbraten. Dann Paprika, Zwiebeln, Tomaten, Sojasauce und steif geschlagene Sahne hinzufügen, mit Curry, Salz und Pfeffer würzen und bei schwacher Hitze etwa 20 Minuten schmoren lassen, dabei ab und zu umrühren. Beilagen: Reis, Nudeln und Blattsalat. Geht schnell und schmeckt super!

Von Stefanie Keck,
Buflings-Oberstaufen

Krautwickel

Zutaten:
1 mittelgroßer, fester Kopf Weißkraut
Fülle:
300 g Hackfleisch,
1 Ei,
1 Semmel vom Vortag,
1 Zwiebel,
Petersilie,
20 g Fett,
Salz,
Thymian,
Rosmarin,
Majoran,
Liebstöckel,
Oregano,
Muskat,
2 bis 3 EL kleingeschnittenes, gekochtes Kraut,
40 g Fett,
¼ bis ⅛ l Brühe,
eventuell Mehl oder Soßenbinder,
Rahm,
Tomatenmark

Zwiebel und Petersilie in Fett andünsten.
Das Kraut putzen und waschen. In kochendes Salzwasser geben und kochen, bis die Blätter fast gar sind. Die Rippen abflechten.
Aus dem Hackfleisch, Ei, Semmel, der angedünsteten Zwiebel und Petersilie, dem Salz, Thymian, Rosmarin, Majoran, Liebstöckel, Oregano, Muskat, Paprika, Salbei und dem kleingeschnittenen Kraut einen Fleischteig zubereiten. In Portionen teilen und auf die einzelnen Krautblätter geben. Ränder einschlagen, aufrollen und mit Rouladennadeln befestigen.
In heißem Fett von allen Seiten anschmoren, Flüssigkeit zugeben und in geschlossenem Topf garen. Soße nach Belieben ein wenig binden und abschmecken.
Zu diesem Gericht passt Kartoffelpüree.

Von Susanne Heim,
Enisried-Lengenwang

Feine Kartoffelroulade

Zutaten:
Kartoffelteig:
1 kg Kartoffeln,
150 g Mehl,
1 Ei,
Salz,
Muskat
Fleischteig:
500 g Hackfleisch,
1 Zwiebel,
Petersilie gehackt,
2 Eier,
100 g Semmelbrösel
(etwa 4 EL),
Majoran,
Muskat,
Salz,
Pfeffer

Kartoffel kochen, schälen, durchpressen, kalt werden lassen. Kartoffelteig herstellen, Fleischteig herstellen. Kartoffelteig auswellen, Fleischteig darüberstreichen und aufrollen. Von der Roulade ca. 1 cm dicke Scheiben abschneiden und in der Pfanne von beiden Seiten backen. Dazu passt Salat.

Schottische Eier

Siehe Fleischteig und hartgekochte Eier
Die gekochten Eier, je 1 Ei, mit etwas Fleischteig umhüllen und in der Pfanne in etwas heißem Butterschmalz rundum braten, dabei öfters drehen. Mit Kartoffelsalat und gemischtem Salat servieren.

Von Rosmarie Brandmeier,
Hörmatzen/Seeg

Gefüllte Paprikaschoten

Zutaten:
4 Paprikaschoten,
375 g Hackfleisch,
2 Zwiebeln,
200 g Mais,
200 g Gouda oder
Emmentaler,
2 EL Tomatenmark,
Salz,
Pfeffer,
Paprikapulver,
Knoblauchpulver

Paprikaschoten waschen, Deckel abschneiden, entkernen.

Für die Füllung Hackfleisch und kleingeschnittene Zwiebeln in etwas Öl anbraten, Mais dazugeben und etwa 10 Minuten schmoren lassen. Tomatenmark unterrühren und mit den Gewürzen abschmecken. Den gehobelten Käse dazugeben. Paprikaschoten mit dem Hackfleisch füllen und die Schoten einzeln in Alufolie wickeln. Die eingepackten Schoten in eine feuerfeste Form stellen und bei 180 bis 200 Grad etwa 20 Minuten im Ofen garen.

Dazu passt am besten Reis.

Das Rezept ist für ca. 4 Personen.

Von Monika Bernhard,
Nasengrub-Lauben

Nudelküchle mit Specksößle

Von Roswitha Baumann,
Ottmannshofen- Leutkirch

Zutaten:
400 g Suppennudeln,
3 bis 5 Eier,
Salz,
Pfeffer,
Muskatnuss,
Petersilie,
Schnittlauch,
Zwiebelröhrle,
Butterschmalz
Soße:
5 messerdicke Scheiben
Speck,
1 Zwiebel,
2 bis 3 EL Tomatenmark,
2 bis 3 EL Mehl,
Salz,
Pfeffer,
Oregano

Suppennudeln im Salzwasser abkochen, kalt abbrausen. Eier aufschalgen, Gewürze und Grünzeug zugeben und verrühren. In einer Pfanne etwas Butterschmalz erhitzen und mit einem Suppenschöpflöffel kleine Küchle in die Pfanne geben und anbraten lassen. Auf beiden Seiten goldgelb, eventuell im Backofen warm halten.

Soße: Speck und Zwiebel in Würfel schneiden, Speck in einem Topf etwas anbraten, Zwiebeln zugeben und kurz mitbraten, mit dem Mehl abstauben und mit ca. ¼ l Wasser aufgießen, Tomatenmark und Gewürze zugeben und abschmecken. Dazu passt prima grüner oder gemischter Salat.

Zu den Nudelküchle kann man die Eier trennen und das Eiweiß auch steif schlagen und vorsichtig unterheben! Sie werden dann besonders locker.

Russischer Hackfleischtopf

Zutaten:
2 große Zwiebel,
1 EL Öl,
1 EL Butter,
500 g Hackfleisch,
1 Stange Lauch,
5 EL Tomatenmark,
¼ l Gemüsebrühe,
1 EL Senf,
1 TL Paprikapulver,
1 TL Salz,
¼ l saure Sahne

Die Zwiebeln hacken und mit Öl und Butter in einer großen Pfanne kurz dünsten. Dann die Hitze erhöhen, das Hackfleisch zugeben und zerbröseln und rühren, bis das Fleisch leicht braun ist.

Bei schwacher Hitze den geputzten, in Streifen geschnittenen Lauch, Tomatenmark, Gemüsebrühe, Senf und Gewürze nach Geschmack zugeben.

Etwa 15 Minuten bei schwacher Hitze dünsten, häufig umrühren.

Kurz vor dem Servieren die saure Sahne darübergießen.

Das Ganze heiß mit Reis oder gekochten Nudeln servieren.

Eignet sich auch gut zum Einfrieren – die saure Sahne dann aber erst nach dem Auftauen und Erwärmen zugeben.

Von Karin Eller,
Oberstaufen

Pfundstopf

Zutaten:
500 g Rindfleisch,
500 g Schweinefleisch,
500 g Hackfleisch,
500 g Fleischwurst,
500 g Wammerl,
500 g gemischte Paprika,
500 g geschälte
Tomaten,
500 g Zwiebeln,
1 Flasche Chilisauce,
2 Becher Sahne

Zwiebeln, Rindfleisch, Schweinefleisch, Hackfleisch, Fleischwurst und Wammerl gut anbraten. Paprikaschoten und Tomaten dazugeben. Das Ganze mit Chilisauce und Sahne übergießen und im Backofen bei 200 Grad 2 Stunden garen.
Dazu reicht man Spätzle und Salate nach Wahl.
Guten Appetit!

Von Hilde Guggemos,
Wald-Wetzlers,
und von:
Maria Gerle, Eggenthal,
Paula Kleinhaus,
Tannen-Gestratz,
Anita John, Zaisertshofen,
Zenta Müller, Dirlewang,
Helga Glatz,
Rettenberg-Freidorf,
Betty Mösel,
Oberrogon-Weiler,
Christine Haug,
Gschwend-Nesselwang

Kalbsröllchen mit Zucchini

Zutaten:
4 dünne Kalbsschnitzel,
4 Scheiben roher
Schinken,
1 kleine Zucchini (200 g),
2 bis 3 EL Öl,
Salz,
Pfeffer,
1 Packung „Tomato al
Gusto mit Knoblauch"

Kalbsschnitzel klopfen, auf jede Scheibe Fleisch eine Scheibe Schinken legen. Zucchini waschen, in Stifte schneiden und auf dem Fleisch verteilen. Aufrollen und mit Rouladennadeln zusammenstecken.

In heißem Öl rundherum anbraten. Nach Geschmack salzen und pfeffern. Tomato al Gusto dazugeben und die Röllchen zugedeckt etwa 20 bis 30 Minuten schmoren lassen.

Von Anni Kornes,
Dingisweiler-Ronsberg

Falscher Fisch

Zutaten:
Pfannkuchenteig:
125 g Mehl,
1 bis 2 Eier,
¼ l Milch,
etwas Salz,
Öl zum Braten
Fleischfülle:
ca. 500 g Bratenreste
(oder Hackfleischsoße
nicht zu dünn)
Panade:
Eier,
Semmelbrösel

Von Christiane Laubheimer,
Reinstetten

Pfannkuchenteig herstellen und dünne Pfannkuchen backen. Bratenreste durch Fleischwolf drehen. Pfannkuchen mit Fleischfüllung bestreichen und aufrollen. Diese durch die Eier rühren, in den Semmelbrösel wälzen und in Öl knusprig ausbacken.

Warum: Ich koche das Rezept gerne, wenn ich Bratenreste vom Vortag übrig habe. Es ist schnell zubereitet. Meistens stelle ich gleich das doppelte Rezept her und gefriere die Hälfte davon ein. Einfach in die Gefriertruhe stecken und ein paar Stunden vorher raustun, ausbacken und fertig!

Schmeckt super mit grünem Salat oder Endivien. Kinder mögen es auch gerne.

Debrecziner-Rostbraten

Zutaten:
3 Zwiebeln,
1 Knoblauchzehe,
4 Scheiben Rinderfilet
(je etwa 175 g),
2 TL Salz,
2 EL Mehl,
4 EL Schweineschmalz,
3 EL Paprikapulver
(edelsüß),
1 Messerspitze
getrockneter Majoran,
½ TL Kümmel,
750 g Kartoffeln,
4 grüne Paprikaschoten,
4 Tomaten,
4 Paar Debrecziner
Würstchen

Die Zwiebeln kleinwürfeln. Die Knoblauchzehe zerdrücken. Die Fleischscheiben leicht salzen, im Mehl wenden und im Schmand anbraten, dann in einen großen Topf legen. Die Zwiebeln im verbleibenden Schmalz goldgelb braten.

Das Paprikapulver, das restliche Salz, den Majoran, den Kümmel und den Knoblauch darüberstreuen, ½ Tasse Wasser zufügen, aufkochen lassen und über die Filets gießen. Das Fleisch in 40 bis 50 Minuten zugedeckt gar schmoren. Wenn nötig, wenig heißes Wasser zugießen. Nach 20 Minuten Garzeit die Kartoffeln schälen und vierteln.

Die Würstchen in Scheiben schneiden. Die Kartoffeln und die Wurstscheiben neben das Gemüse auf das Fleisch legen. So viel heißes Wasser zugießen, dass alles halb davon bedeckt ist. Das Gericht zugedeckt in etwa 20 Minuten fertig garen.

*Von Anni Demmeler,
Reichau*

Monte bre

<table>
<tr><td valign="top">

Zutaten:
4 EL Öl,
4 Kalbsschnitzel,
Salz,
Pfeffer,
3 bis 4 EL Tubensoße für
dunkle Soßen,
ca. ¼ l Wasser,
Camembertkäse

</td><td valign="top">

Öl in einer Pfanne erhitzen, Fleisch würzen und in der Pfanne gut anbraten.

Das Wasser in einer Jenaform auf dem Herd erhitzen und die Tubensoße mit etwas Fruchtsaft von dem Früchtemix einrühren, dann das Fleisch in die Soße geben. Früchte darauf verteilen und zum Schluss den Camembert in dünne Scheiben schneiden und auf die Früchte legen.

Im vorgeheizten Backofen auf 200 Grad ca. 20 Minuten überbacken.

Tipp: Bis der Käse gut verlaufen ist.

Beilage: Kroketten.

Gelingt leicht und geht schnell.

Schmeckt ganz gut!

</td></tr>
</table>

Von Sybille Leute,
Hagers-Hergensweiler

Wursteintopf

Von K. Müller,
Blaichach-Schwanden

Zutaten:
500 g Fleischwurst,
150 g durchwachsener Speck,
4 mittelgroße Zwiebeln,
½ Selerieknolle,
2 Karotten,
2 Stangen Lauch,
1 kleine Blumenkohl,
2 Packungen Markklößchen,
1 l Fleischbrühe,
1 Bund Petersilie,
Salz,
Pfeffer

Speck würfeln, in einen Topf auslassen. Zwiebeln und Gemüse waschen, putzen und klein schneiden. Blumenkohl in Röschen zerteilen. Zu dem ausgelassenen Speck geben und kurz andünsten. Heiße Fleischbrühe hinzugeben und alles 15 Minuten kochen lassen. In der Zwischenzeit Fleischwurst häuten, würfeln und in die Suppe geben. Markklößchen hinzufügen und alles weitere 10 Minuten köcheln lassen. Mit Salz und Pfeffer abschmecken. Petersilie waschen, klein hacken, über den Wursteintopf geben.
Guten Appetit!

Kohlrouladen mit Pilzen

Zutaten:
1 Kopf Weißkohl,
250 g Tiefkühl-Spinat,
250 g Champignons,
1 TL Butter,
200 g Schinken,
3 Scheiben Vollkorntoast,
25 g Walnusskerne,
1 Ei,
50 g geriebener
Parmesan,
Salz,
weißer Pfeffer,
Muskatnuss,
1 TL Gemüsebrühe,
Butter

Vom Weißkohl äußere Blätter entfernen und 5 Minuten in reichlich kochendem Salzwasser blanchieren. Kalt abschrecken und die äußeren Blätter vorsichtig vom Strunk lösen (Kohlblätter müssen gut weich sein). Die dicken Blattrippen flach schneiden. Spinat antauen, 5 Minuten bei milder Hitze dünsten, eventuell hacken. Pilze putzen und in Scheiben schneiden. Butter erhitzen, Pilze darin offen bei mittlerer Hitze 3 Minuten garen. Schinken, Toastbrot in kleine Würfel schneiden und Walnüsse grob hacken.

Füllung: Spinat mit den Pilzen, Schinken, Brotwürfeln, Nüssen, dem verquirlten Ei und dem Parmesan mischen. Mit Salz, Pfeffer und Muskat abschmecken. Füllung auf den Kohlblättern verteilen. Die Blätter an den Seiten über die Füllung etwas einschlagen, dann aufrollen und mit Küchengarn zusammenbinden.

Backofen auf 210 Grad vorheizen.

Eine Tasse Wasser mit der Brühe verrühren. Auflaufform mit Butter ausstreichen. Kohlrouladen nebeneinander hineinlegen, mit Butterflöckchen belegen und auf der mittleren Schiene des Ofens etwa 20 Minuten garen. Dabei immer wieder etwas Brühe angießen. Dann die Rouladen wenden und nochmals 20 Minuten schmoren. Eventuell mit Brühe begießen. Dazu passt körnig gegarter Reis oder Hirse.

Von Andrea Brey,
Pfaffenwinkel-Memmingen

Grüne Bohnen
im Schinkenmantel

Zutaten:
200 g grüne Bohnen,
5 Scheiben Putenschinken
(Schweineschinken),
100 g süße Sahne,
50 g Emmentaler,
Bohnenkraut,
Salz,
Pfeffer

Von Gabriele Burkart,
Mollenberg-Hergensweiler

Bohnen im Salzwasser mit Bohnenkraut gar kochen. Wasser abgießen und die heißen Bohnen in den Schinken wickeln. In eine Auflaufform geben, mit Pfeffer bestreuen und der Sahne übergießen. Den Käse hobeln und darüber streuen.

Im Ofen bei 180 Grad,, 15 Minuten überbacken. Dazu schmecken gut Kartoffelbrei und grüner Salat.

Feines Zucchinigemüse

Zutaten:
4 mittelgroße Zucchini,
6 Tomaten,
2 große Zwiebeln,
½ Ring Lyoner,
4 EL Butter
zum Würzen:
Salz,
Pfeffer,
Curry,
Paprika,
Kurkuma (Gelbwurzel),
eventuell etwas Sahne

Die Zucchini waschen und in Würfel schneiden. Das Fett in einer großen Pfanne auslassen und die Zwiebelringe darin glasig schwitzen.

Die Zucchini dazugeben und kurz mitschwitzen. Mit Salz, Pfeffer, Curry, Paprika und Kurkuma würzen. Mit einer Tasse Wasser aufgießen und zugedeckt bei mittlerer Hitze 5 Minuten köcheln lassen.

Die Tomaten in Scheiben schneiden (eventuell enthäuten) und zu den Zucchini geben. Ebenso die in Scheiben geschnittene Lyoner. Zugedeckt nochmals 5 Minuten köcheln lassen, abschmecken und sofort servieren.

Dazu passt Reis!

Ideales Sommergericht!! Leicht und bekömmlich. In 30 Minuten zubereitet.

Von Christine Lochbihler, Wildsteig-Morgenbach

Schweinerouladen

Zutaten:
8 dünne
Schweineschnitzel,
8 Scheiben
Frühstücksspeck,
250 g Champignons,
200 g Pfifferlinge,
1 Zwiebel,
Salz,
Pfeffer,
Senf,
2 EL Öl,
2 EL Preiselbeeren,
½ l Gemüsebrühe,
200 g Sahne,
1 bis 2 EL Soßenbinder

Die Schnitzel würzen, mit Senf bestreichen, mit Frühstücksspeck belegen und einrollen, im Öl anbraten. Rouladen aus der Pfanne nehmen. Im übrigen Öl Champignons und Pfifferlinge mit Zwiebel anbraten.

Mit Gemüsebrühe ablöschen, Sahne und Rouladen dazu und ca. 30 Minuten schmoren lassen. Soße binden und mit Preiselbeeren abschmecken.

Dazu schmecken Spätzle!

Von Bettina Golsner,
Vorderhindelang

Amsterdamer Fleischtopf

Zutaten:
250 g Bandnudeln,
150 g geriebener Käse,
500 g Schweinefilet,
100 g gekochter
Schinken,
40 g Butter,
1 Becher Sahne,
⅛ l Brühe,
Salz,
Pfeffer,
Majoran,
Weißwein

Nudeln kochen und abschrecken; mit 50 g Käse mishen und in eine Auflaufform geben.

Schweinefilet in ca. 2 cm dicke Scheiben schneiden und mit Salz, Pfeffer und Majoran würzen.

Butter erhitzen, Fleisch darin von beiden Seiten anbraten (der Kern soll noch rosa sein), aus der Pfanne nehmen und auf die Nudeln legen.

Bratensatz mit der Brühe und Sahne aufgießen. Die Soße etwas einkochen lassen und mit Salz, Pfeffer, Majoran und eventuell mit einem Schuss Weißwein kräftig abschmecken. Die Soße über das Fleisch geben. Schinken in Streifen schneiden und darauflegen. Geriebenen Käse darüber streuen.

Den Fleischtopf in den Backofen geben und bei 200 Grad ca. 20 Minuten überbacken (Käse soll eine goldgelbe Kruste haben).

Anstatt dem Schweinefilet kann auch gut Schweineschnitzel oder Schweinekotelett verwendet werden.

Von Brigltte Natterer,
Bad Grönenbach

Putenfleisch süß-sauer

Zutaten:
500 g Putenbrust,
1 Zwiebel,
1 rote Paprika,
1 Dose Ananas,
Sojasoße,
1 Würfel Brühe,
2 EL Ketchup,
Mondamin

Von Marlene Häfele,
Mitteldorf-Schwangau

Die Zwiebel und die Paprika nicht zu fein schneiden – gut anbraten. Fleisch in kleine Würfel schneiden, zugeben und anbräunen. Kleine Dose Ananas in Stücken zugeben (mit Saft). Sojasoße nach Geschmack und 1 Würfel Brühe beigeben.

Mit etwas Mondamin andicken und mit 2 EL Ketchup abschmecken.

Reis dazu schmeckt gut: 4 Tassen Wasser, Brühe und Salz, 2 Tassen Reis in der Mikrowelle garen.

Wenn's mal schnell gehen soll – und doch gut schmecken soll – koche ich dieses selbsterfundene Gericht eines Feriengastes.
Guten Appetit!

Pollo alla diavola
(Scharfes Hähnchen vom Holzofengrill)

Zutaten:
8 Hähnchenschenkel
oder 4 Portionen
Hähnchenfleisch,
2 Knoblauch-
zehen geschält,
1 TL feingehackte
getrocknete rote Chilis,
1 TL Salz,
4 EL Olivenöl,
Saft einer ½ Zitrone,
3 EL Butter,
Zitronenspalten
zum Garnieren

Von Renate Rädler,
Opfenbach

1. Das Hähnchenfleisch mit einem scharfen Messer mehrmals einschneiden. 2. Die Knoblauchzehen und den Chili in einem Mörser zerstoßen und das Salz dazugeben. Olivenöl und Zitronensaft hineinrühren, bis alles gut vermengt ist. 3. Die Hähnchenteile nebeneinander in ein flaches Gefäß legen. Mit der Knoblauch-Chili-Mischung auf beiden Seiten bepinseln, dann 4 Stunden durchziehen lassen. 4. Die Hähnchenstücke auf den eingeölten Rost des Grills legen, etwa 15 Minuten pro Seite grillen, dabei häufig mit der geschmolzenen Butter, die mit der restlichen Marinade gemischt wurde, bestreichen. Heiß, mit Zitronenspalten garnieren.

Oder: Das Hähnchenfleisch in der Pfanne braten. Dazu passt Peperonata und Risi-Pisi.

Schweinefleisch
auf Kreolenart

Zutaten:
800 g mageres
Schweinefleisch,
500 g feste Tomaten,
300 g Zwiebeln,
1 grüne Paprika,
¼ Sellerieknolle,
5 EL Öl,
1 TL Zucker,
Salz und Pfeffer,
1 TL Cayennepfeffer,
einige Tropfen Tabasco,
2 EL Mehl

Schweinefleisch in Brühe gar kochen, in Würfel schneiden.

Kleingeschnittene Zwiebeln, gewürfelte Paprika und Sellerie in Öl andünsten, Zucker dazugeben, Fleisch mit Brühe und Gewürzen dazugeben, ca. 20 Minuten dünsten, die Tomaten achteln und dazugeben, nochmals ca. 10 Minuten dünsten. Zum Schluß mit Mehl binden.

Dazu schmeckt sehr gut Reis.

Von Margit Angerhofer, Bernbeuren

Schnelle Reispfanne

Zutaten:
gekochter Reis,
Leberkäse,
Schinken oder
sonstige Wurst- oder
Fleischreste in
Würfel geschnitten,
Erbsen oder
andere Gemüse
nach Belieben,
Ketchup oder
andere rote Soße

Alle Zutaten in eine Pfanne geben und erhitzen – fertig!

Von Margit Angerhofer,
Bernbeuren

Holzhackerschmarren

Zutaten:
200 g Mehl,
1 TL Salz,
4 Eigelb,
¼ l Milch,
⅛ l Sahne,
1 EL Rum (eventuell),
200 g Schinken,
200 g gekochter,
geräucherter Bauch,
100 g Champignons,
3 EL geriebener Käse,
1 EL Schnittlauch,
Paprika, Pfeffer,
Suppengewürz,
4 Eischnee

Aus Mehl, Salz, Eigelb, Milch, Sahne und Rum einen Pfannkuchenteig bereiten. Schinken, Bauch und Champignons in kleine Würfel schneiden und in den Teig rühren. Käse, Schnittlauch und Gewürze ebenfalls unterrühren. Abschmecken und danach Eischnee unterheben. Teig in eine heiße Pfanne mit Fett geben und goldbraun anbraten lassen. Jetzt umwenden und zerstoßen.

Dazu passen alle Arten von grünem Salat.

Ich wünsche gutes Gelingen und guten Appetit!

Von Anna Böck,
Schöneberg-Pfaffenhausen

Falscher Wildschweinbraten

Zutaten:
500 g Schweinenacken,

Beize:
1 l Wasser,
½ l Essig,
½ l Rotwein,
1 Karotte,
1 Stange Lauch,
1 Zwiebel,
1 abgeriebene
Zitronenschale,
2 Lorbeerblätter,
100 g Senfkörner,
1 EL Wacholderbeeren,
Salz,
1 EL Gewürznelken,
1 EL Basilikum,
2 Fichtenzweige, ganz
frisch

für die Soße:
½ l Bratensoße,
⅛ l Sahne,
2 EL Preiselbeeren,
1 Gläschen Kirschlikör

Das Ganze läßt man 1 Woche in der Beize liegen.
Danach wird der Braten wie normaler Schweine-
braten angebraten, mit ¼ l Flüssigkeit auf-
gegossen und ins Backrohr gegeben.
Bei 200 Grad ca. 45 Minuten.
Dazu gibt es eine Soße aus Bratensoße, Sahne,
Preiselbeeren und Kirschlikör.
Beilage: Spätzle, Nudeln Rotkohl.

Von Christine Lederle,
Unterthingau

Rindersteaks

Das Steakfleisch unbedingt einen Tag vorher in dem Olivenöl einlegen. Dazu die kleingeschnittenen Zwiebeln und den gepressten Knoblauch geben. Die Steaks aus dem Öl nehmen und im heißen Biskin anbraten. Jede Seite ungefähr 6 Minuten (je nach Dicke des Fleisches). Kurz vor Ende der Garzeit die Zwiebeln und den Knoblauch mitbraten. Vorsicht, die Zwiebeln und den Knoblauch nicht mehr zu heiß braten. Wenn sie schwarz werden, können Bitterstoffe entstehen. Vor dem Anrichten die Steaks mit Pfeffer würzen. Am besten schmeckt der Pfeffer aus der Mühle. Etwas Salz darübergeben.

Zu den Steaks paßt sehr gut Steakkräuterbutter oder eine Soße Bernaise aus Kerbel. Dazu reiche ich immer Kartoffelecken oder Kroketten, einen gemischten Salat oder frisches Gemüse, was der eigene Garten bietet.

Von Sabine Glogger,
Linggen-Durach

Gebeizte Schweinelendchen
auf Wildschweinart

Zutaten:
1 bis 2 Schweinelendchen
in Scheiben geschn.,
6 Wacholderbeeren,
6 Pfefferkörner,
¼ l Weißwein,
4 EL Essig,
2 cl Weinbrand,
4 EL Öl,
40 g Butter,
Salz,
Pfeffer,
¼ l Fleischbrühe,
¼ l Beize,
1 EL Soßenbinder,
1 EL Crème fraîche,
Zucker,
Salz,
Pfeffer,
Preiselbeeren

Schweinelendchen 2 bis 3 Stunden in einer Beize aus zerkleinerten Wacholderbeeren, grob gestoßenen Pfefferkörnern, Wein, Essig, Weinbrand und Öl unter öfterem Wenden ziehen lassen. Abgetropfte, gut abgetrocknete Fleischstücke in einer Pfanne in Butter von beiden Seiten braun braten. Salzen, pfeffern, mit der Fleischbrühe und durchsiebter Beize auffüllen und ca. 15 bis 20 Minuten garen lassen. Filets auf einer Platte warm stellen. Soße mit Soßenbinder aufkochen, mit Crème fraîche, Zucker, Salz und Pfeffer abschmecken. Dazu reichen Sie Bohnenbündel mit Speckstreifen und Kroketten oder Spätzle mit Blaukraut.
Guten Appetit!

Von Irmgard Grath,
Burkatshofen-Stiefenhofen

Rosenkohlauflauf
mit Kartoffelpüree

Zutaten:
1 kg ungeputzter Rosenkohl oder 500 g geputzter Rosenkohl,
2 Tüten Kartoffelpüree (für 1 l Flüssigkeit),
200 g gekochter Schinken,
1 Becher Crème fraîche oder Schmand,
1 Becher Sahne,
Salz,
Pfeffer,
Muskat

Rosenkohl putzen und halbieren und in wenig Salzwasser 15 Minuten dünsten, abgießen und abtropfen lassen. Kartoffelpüree nach Packungsanweisung zubereiten.
Gekochten Schinken klein schneiden und mit dem Rosenkohl in eine gefettete Auflaufform geben. Crème fraîche und Sahne mit Salz, Pfeffer und Muskat verquirlen und über den Rosenkohl gießen. Kartoffelpüree darüber verteilen und im Backofen ca. 5 Minuten goldbraun überbacken.

Von Sonja Baiz,
Weitnau

Gekochtes Rindfleisch
mit Meerrettichsoße, Rosenkohlgemüse und Salzkartoffeln

Zutaten:
1 kg Rindfleisch,
Salz,
Suppengemüse (Karotte, Sellerie, Lauch, Zwiebel),
Rosenkohl,
Zwiebel,
Butter,
Milch,
Salz,
Aromat,
Kartoffeln,
Meerrettich aus Glas

Das Rindfleisch waschen, in kaltem Wasser mit Suppengemüse und Salz zusetzen. Im Schnellkochtopf etwa 45 Minuten garen. Das gekochte Rindfleisch aus der Suppe nehmen, zugedeckt warm stellen und später in dünne Scheiben schneiden. Mit Butter, kleingeschnittenen Zwiebeln, Mehl und dem Suppensud eine helle Einbrenne machen, gut durchkochen lassen. Geriebenen Meerrettich aus dem Glas zugeben (ca. 4 TL). Mit Salz abschmecken. Mit Mehl und Sahne verfeinern.

Rosenkohl putzen und waschen. In Butter, Zwiebelwürfel andünsten, Rosenkohl mitdünsten, mit Mehl stauben und aufgießen. Zugedeckt auf kleiner Stufe garen, etwa 10 Minuten, salzen, Milch zugeben (3 EL) und nochmal leicht kochen lassen, umrühren. Mit Salz und Aromat abschmecken. Die Milch macht das Gemüse sämig und schmeckt lecker.

Zum Fleisch die Meerrettichsoße reichen. Dazu das Gemüse und Salzkartoffeln.

Das ist ein richtiges Winteressen.

*Von Gabi Schmid,
Riedhirsch-Heimenkirch*

Quarkbuletten

Zutaten:
500 g Speisequark,
2 bis 3 Eier,
2 EL Mehl,
150 g Grieß,
250 g Kartoffelpüree,
2 Zwiebeln,
250 g Leberkäse,
Petersilie,
Schnittlauch,
Salz,
Pfeffer,
Muskat,
Majoran

Alle Zutaten verrühren. Leberkäse und Zwiebel in Würfel schneiden und unter den Teig rühren. 15 Minuten quellen lassen. In heißem Butterfett braune Buletten braten. Dazu schmeckt grüner Salat.

Das Rezept eignet sich zur Verwertung von übrigem Kartoffelpüree.

Von Margret Reitemann,
Josereute/Oy-Mittelberg

Rindersteak
in Zwiebelsahnesauce

Zutaten:
4 Rindersteaks aus Lende
oder Filet,
Steakgewürz oder Salz
und Pfeffer,
1 große Zwiebel,
2 EL Butaris oder
Sonnenblumenöl,
20 ml Sahne,
3 EL warmes Wasser,
eventuell 1 TL Stärkemehl,
Wasser,
1 TL Suppenpulver

Steaks leicht flach drücken, würzen, in heißem Butaris oder Öl anbraten, eventuell salzen, wenden, herausnehmen, auf Teller legen, zudecken, Zwiebel in Ringe hobeln, im Bratfett hellgelb anbraten, eventuell noch Fettzugabe. Sahne mit warmem Wasser anrühren, langsam aufgießen, ca. 10 Minuten leicht kochen lassen. Steaks zugeben, erhitzen. Suppenpulver einstreuen, eventuell mit Stärkemehl mit Wasser angerührt binden, abschmecken.
Beilagen: Kroketten, Kartoffelknödel, Rosenkohl.

Von Rosmarie Mößmer,
Seeg-Lobach

Putenschnitzel mit Ananas

Zutaten:
4 Putenschnitzel,
wenig Fett zum Anbraten,
Salz,
Pfeffer,
Curry,
1 kleine Dose Ananas
in Stücken,
⅛ l Sahne

Putenschnitzel kurz mit Wasser abspülen und in wenig Fett auf beiden Seiten anbraten. Das Fleisch würzen und ca. 10 Minuten mit geschlossenem Deckel garen. Anschließend die Ananasstücke und den Saft zum Fleisch geben und aufkochen lassen. Das Ganze mit Salz, Pfeffer und Curry abschmecken und mit Sahne verfeinern. Die Soße darf jetzt nicht mehr kochen. Zu den Putenschnitzeln gibt es einen mit Currry abgeschmeckten Reis und grünen Salat.
Das ist das Lieblingsessen unserer Kinder, und der Papa kocht es am besten.

Von Elfriede Lux,
Seeg

Schweinefilet in Joghurtsauce

Zutaten:
2 kleine Schweinefilets zu
je etwa 400 g,
½ TL Salz,
1 TL Paprikapulver,
100 g Emmentaler oder
Gouda am Stück,
1 EL Mehl,
1 Zwiebel,
2 EL Butter,
2 Becher Naturjoghurt,
2 TL gekörnte Brühe,
1 Becher Sahne,
etwas Bratensoßen-
pulver,
2 EL gehackte Petersilie

Die Filets mit dem Salz und dem Paprikapulver einreiben. Den Käse in etwa 4 cm lange Stifte schneiden. Mit einem Messer kleine Löcher in die Filets bohren und die Käsestifte zu $\frac{3}{4}$ ihrer Länge hineinstecken. Die Filets dann in dem Mehl wenden. Die Zwiebel schälen und würfeln. Die Butter in einem genügend großen Schmortopf zerlassen und die Filets von allen Seiten darin hellbraun anbraten. Die Käsestifte schmelzen dabei ab. Die Zwiebelwürfel zugeben, ebenfalls kurz mit anbraten. Den Joghurt mit der gekörnten Brühe verrühren und zu den Filets geben. Alles zugedeckt bei schwacher Hitze 40 Minuten schmoren lassen. Danach mit der Sahne und dem Soßenpulver abschmecken und vor dem Servieren die Petersilie darübergeben.

Von Marlene Schwarz,
Bernbeuren

Allgäuer Spätzleauflauf

Spätzle herstellen und abtropfen lassen.
Für die Soße Räucherspeck fein würfeln und mit den kleingehackten Zwiebeln im Fett anbraten. Hackfleisch dazugeben und mit anbraten. Mit der Brühe ablöschen und mit dem Tomatenmark und den Gewürzen abschmecken. Die Hälfte der Hackfleischmasse in eine Auflaufform einfüllen und mit 50 g Käse bestreuen. Die Spätzle mit dem Sauerkraut mischen und darüber verteilen. Dann die restliche Hackfleischmasse daraufgeben, mit 50 g Käse und den Butterflöckchen bestreuen. Im vorgeheizten Backofen bei 200 Grad ca. 45 Minuten backen.

Von Monika Zwerger,
Willofs

Bahmi Goreng

Zutaten:
350 g zu Nestern
aufgerollte Bandnudeln
(oder Spaghetti),
400 g Schweineschnitzel,
4 EL Öl,
100 g gekochter
Schinken,
½ Zitrone,
süß-salzige Sojasoße,
250 g Weißkohl,
1 Stange Lauch,
250 g Zwiebeln,
150 g Erbsen,
Salz,
Pfeffer,
125 g Krabbenfleisch,
2 Eier,
10 g Butter

Nudeln garen. Fleisch würfeln, 8 Minuten braten, Schinkenwürfel kurz mitbraten, Zitronenschale und Saft, etwa 8 EL Sojasoße zugeben.
In einer zweiten Pfanne Kohlstreifen, Lauchscheiben, Zwiebelwürfel in Öl andünsten.
Eine Tasse Brühe und Erbsen zugeben, 10 Minuten dünsten. Nudeln, Fleisch, Gewürze zugeben. Krabben mit erhitzen.
Eier verquirlen, salzen und pfeffern, in Butter einen Eierkuchen backen, streifig geschnitten über Bahmi Goreng streuen.

Von Jutta Mendler,
Strimo-Legau

Krautkrapfen

Zutaten:
Nudelteig: 500 g Mehl
(½ grob – ½ fein),
2 Eier,
⅛ l Wasser,
Salz,
1000 g Sauerkraut,
1 Zwiebel,
150 g Wammerl roh,
60 bis 80 g Schweine-
schmalz

Nudelteig herstellen, Zwiebelwürfel und Wammerlwürfel in Schweineschmalz anrösten. Das ausgedrückte Sauerkraut dazugeben und weiter anschwitzen. Nun Nudelteig sehr dünn ausrollen. Das kalte geröstete Sauerkraut gleichmäßig auf dem Nudelteig verteilen und zu einer Nudel zusammenrollen. Dann ca. alle 5 bis 6 cm abschneiden. Die Krapfen stehend in einen Topf setzen. Etwas leicht gesalzenes Wasser (ca. 1 bis 1 ½ cm hoch im Topf) über die Krapfen gießen. Bei mittlerer Hitze zugedeckt 15 bis 20 Minuten leicht kochen lassen. Wenn die Krapfen an der Unterseite leicht gebräunt sind, werden diese umgedreht. Nun nochmals etwas Salzwasser eingießen und erneut zugedeckt 15 Minuten leicht kochen lassen.

Von Claudia Bartenschlager,
Sontheim,
und von Rosa Endras,
Unterreuten-Seeg

Wirsingrouladen
in Steinpilzsoße

Zutaten:
100 g frische Steinpilze
(getrocknet 10 g in
Wasser einweichen),
1 großer Kopf Wirsing,
Salz,
6 Scheiben Toastbrot,
2 Zwiebel,
1 TL Rosmarinnadeln,
500 g Schweine-
hackfleisch,
4 Eier,
grober schwarzer Pfeffer,
30 g Butterschmalz,
⅛ l Sahne,
1 EL Soßenbinder

12 schöne große Blätter Wirsing lösen, Mittelrippen flach schneiden und in kochendem Salzwasser 2 Minuten vorgaren. Auf Küchentüchern ausdrücken. Für die Füllung Toastbrot kalt einweichen, ausdrücken und zerzupfen. Zwiebel feinwürfeln und Rosmarin hacken. Rosmarin, Zwiebel, Toastbrot, Hackfleisch, Eier und die Hälfte der Pilze hacken und verkneten, mit Pfeffer würzen. Je 2 Kohlblätter aufeinanderlegen. Füllung verteilen, Rouladen aufrollen und zusammenbinden bzw. -stecken. In heißem Butterschmalz rundum anbraten. Nach und nach mit Brühe löschen und insgesamt 30 Minuten schmoren lassen. Gelegentlich wenden, dann Roulade aus dem Soßenfond nehmen. Die Sahne mit Soßenbinder (oder Mehlteiglein) verquirlen und zum Fond gießen. 2 Minuten unter Rühren kochen, mit Salz und Pfeffer würzen, die restlichen Pilze zugeben und die Rouladen in die Soße zurücklegen und mit Petersilienkartoffeln servieren.

Von Ines Sommer,
Hasberg

Nudelauflauf
mit Filet und Pfifferlingen

Zutaten:
300 g Schmetterlings-
nudeln,
Salz,
350 g Pfifferlinge,
300 g Schweinefilet,
2 EL Öl,
schwarzer Pfeffer,
200 g Schlagsahne,
150 g Roquefortkäse

Die Nudeln in sprudelnd kochendem Salzwasser in 9 Minuten garen. Abgießen und gut abtropfen lassen. Pfifferlinge mit einem Backpinsel säubern, nur stark verschmutzte, angetrocknete Stielenden abschneiden. Sehr große Pilze in etwas kleinere Stücke teilen. Schweinefilet kalt abbrausen und mit Küchenpapier trockentupfen. Dann in Streifen schneiden. Das Öl in einer großen Pfanne erhitzen und das Filet darin unter Wenden 2 Minuten anbraten. Dabei salzen und pfeffern. Die Pilze zufügen und weitere 2 Minuten unter Wenden braten. Mit Pfeffer würzen und die Sahne angießen. Kurz aufkochen lassen und mit den Nudeln in eine Auflaufform geben. Alles gut mischen. Den Käse zerbröckeln und darauf verteilen. Auf der mittleren Schiene des 200 Grad heißen Ofens (Gas: Stufe 3) 30 Minuten backen.

Tip: Statt mit französischem Roquefort kann man diesen Auflauf auch mit einem bayerischen Blauschimmelkäse überbacken.

Von Barbara Zitzinger, Lengenfeld

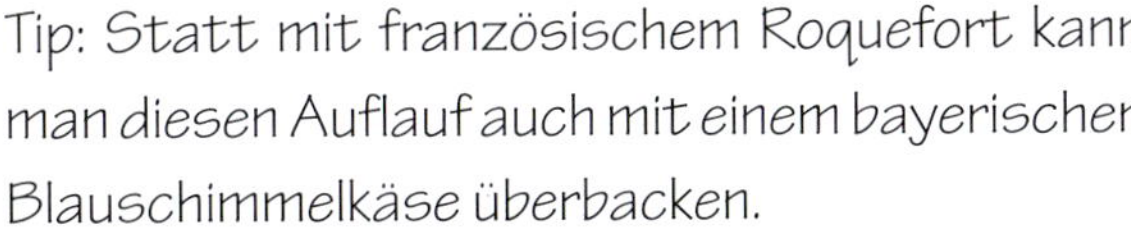

Aufläufe

Pfannkuchen gefüllt

Zutaten:
250 g Mehl,
Salz,
4 Eier,
½ l Milch,
100 g Butterschmalz,
3 große Zwiebeln,
1 Bund Petersilie,
4 EL Butter,
400 g Bratwurstbrät,
200 g Sahne,
Butter für die Form

Aus dem Teig 8 Pfannkuchen backen. Den Backofen auf 200 Grad vorheizen. Eine Auflaufform mit Butter ausstreichen.

1 Zwiebel schälen und fein hacken. Die Petersilie waschen, trockenschütteln und fein hacken. 1 EL Butter in der Pfanne erhitzen. Die Zwiebelwürfel und die Petersilie darin bei schwacher Hitze dünsten.

Das Bratwurstbrät mit der Zwiebel und der Petersilie mischen. Die Pfannkuchen mit der Masse bestreichen, aufrollen und nebeneinander in die Auflaufform legen. Mit der Sahne begießen und im Backofen ca. 30 Minuten überbacken.

Die restlichen Zwiebeln schälen und in Ringe schneiden. Die restliche Butter erhitzen und die Zwiebeln darin bei mittlerer Hitze goldgelb braten. Die Pfannkuchen aus dem Backofen nehmen, mit den Zwiebelringen belegen und servieren.

Von Christa Kern,
Hergensweiler

Brätstrudel-Auflauf

Zutaten:
500 g Brät,
1 Ei,
Salz,
Pfeffer,
Thymian,
etwas Mehl und Milch
Pfannkuchenteig:
200 g Mehl,
2 Eier,
Salz,
Milch,
Petersilie und Milch
zum Übergießen

Von Erna Guggenmoos,
Oy-Mittelberg,
und von Brigitte Wiedemann,
Betzigau (Foto)

Pfannkuchenteig herstellen und je nach Größe 4 bis 6 Pfannkuchen abbacken, aus Brät, Ei, Salz, Pfeffer und Mehl glattrühren, bei Bedarf etwas Milch dazugeben; Brätmasse auf Pfannkuchen verteilen und einrollen, in eine gefettete Auflaufform legen und mit ca ½ Tasse Milch begießen. Bei ca. 160 Grad 20 bis 30 Minuten backen.

Dazu passen: Buntgemischte Salate.

Reste können auch in Scheiben geschnitten und als Suppeneinlage verwendet werden.

Weinrollen

Zutaten:
8 Scheiben gekochter
Schinken,
500 g Champignons,
1 Zwiebel,
Butter,
Saft ½ Zitrone,
Salz, Pfeffer, Paprika,
Petersilie,
⅛ l Weißwein,
4 EL süße Sahne,
1 TL Mehl,
Salz,
Eigelb

Champignons blättrig schneiden, mit der feingewürfelten Zwiebel in Butter dünsten und mit der Zitrone und den Gewürzen abschmecken.

Die Pikmischung auf die Schinkenscheiben verteilen, aufrollen, feststecken und in eine gebutterte Auflaufform geben. Wein, Sahne, Mehl, Salz und Eigelb verquirlen und über die Rollen gießen, etwa 10 Minuten bei 220 Grad überbacken.

Von Rosemarie Meusburger,
Sondert-Waltenhofen

Bergbauernauflauf

Zutaten:
6 alte Semmeln,
250 g Gouda oder
Emmentaler oder
Käsereste,
250 g Salami oder
Würste (Reste),
½ l warme Milch,
3 Eier,
Salz,
Pfeffer,
Muskat,
Schnittlauch

Semmel in kleine Würfel schneiden. Käse in kleine Würfel schneiden, Salami ebenfalls in kleine Würfel schneiden. Alles gut mischen und in eine gefettete Auflaufform geben. ½ l warme Milch mit Eiern, Salz, Pfeffer, Muskat und Schnittlauch verrühren. Über das Semmel-Käse-Wurstgemisch gießen. Bei 200 Grad etwa 50 Minuten backen.
Guten Appetit!

Von Cilli Heckelsmiller,
Kaltbronn-Legau

Schinkenbecher

Zutaten:
Spaghetti,
gekochtes Wammerl,
½ Semmel,
Ei,
Salz,
Pfeffer,
etwas Senf,
Zwiebel

Spaghetti kochen und abschrecken, Tassen ausbuttern und halb bis dreiviertel mit Spaghetti füllen; Wammerl und Zwiebel durch die feine Scheibe des Fleischwolfes drehen, mit eingeweichter Semmel und Ei und Gemüse mischen und abschmecken. Wammerlmasse ca. 2 bis 3 EL auf Spaghetti geben und glattstreichen, im Wasserbad ca. 30 Minuten garen – auf Teller stürzen. Dazu schmeckt gemischter Salat.

Von Erna Guggenmoos,
Oy-Mittelberg

Krautstrudel

Zutaten:
für den Teig:
1 EL Butter,
1 Ei,
½ TL Salz,
250 g Mehl

für die Füllung:
600 g Weißkohl,
3 Karotten,
3 kleine Zwiebel,
3 EL Butter,
⅛ l Gemüsebrühe,
3 Knoblauchzehen,
Salz, Pfeffer,
Paprikapulver,
2 bis 3 EL Kümmel,
3 EL Paniermehl,
1 EL Butter z. Bestr.,
gehackte Petersilie

Für den Teig die Butter zergehen lassen und mit ⅛ l Wasser, Ei, Salz verquirlen. Nach und nach das Mehl unterrühren, dann unterkneten und alles zu einem Teig verarbeiten. Zu einer Kugel formen und zugedeckt 1 Stunde ruhen lassen. Weißkohl fein hobeln, Karotten in Stifte schneiden, Zwiebel fein schneiden, Butter erhitzen, darin Zwiebel, Karotten und Weißkohl andünsten, Gemüsebrühe angießen, Knoblauchzehen dazudrücken, das Ganze abschmecken, auskühlen lassen, Backblech fetten, Backofen auf 200 Grad vorheizen.

Teif auf bemehltem Brett rechteckig auswellen, Paniermehl darauf verteilen, Kaut verteilen, aufrollen, mit Naht nach unten auf Backblech legen, mit zerl. Butter bestreichen, 45 bis 50 Minuten backen, in Scheiben schneiden, mit Petersilie bestreuen und heiß servieren.

Viel Spaß fürs Gelingen!

Von Anni Geyer,
Mapprechts-Heimenkirch

Kichererbsen-Eintopf

Zutaten:
250 g Rindfleisch,
2 Zwiebeln,
1 Knoblauchzehe,
20 g Fett
1 l Wasser,
1½ Würfel Fleischbrühe,
250 g Karotten,
500 g Chinakohl,
1 Dose Kichererbsen
oder Kicherbohnen
oder zuvor gekochte
Petersilie,
75 g Emmentaler

Fleisch in kleine Würfel schneiden, Zwiebel und Knoblauch und Fleischwürfel in heißem Fett anbraten, Wasser dazugießen und zum Kochen bringen. Brühe darin auflösen und bei niedriger Hitze 1 Stunde kochen. Karotten und Chinakohl putzen, waschen und klein schneiden. Mit den Kichererbsen oder -bohnen zum Fleisch geben und 15 Minuten kochen. Petersilie waschen, fein hacken. Die Suppe in tiefe Teller verteilen, Käse darübergeben. Vor dem Servieren Petersilie darüber geben.

Schmeckt in der Winterszeit besonders gut!

Von Anni Geyer,
Mapprechts-Heimenkirch

Zucchini-Lasagne

Zutaten:
6 bis 9 Nudelplatten,
100 g Pilze,
250 g Tomaten,
250 g Zucchini,
1 Zwiebel,
2 EL Öl,
1 EL Mehl,
½ TL Suppenpulver,
½ TL Oregano,
Salz,
200 g Sahne,
geriebener Käse

Pilze in Scheiben schneiden, Tomaten würfeln. Zwiebel andünsten, Pilze zugeben und kurz anbraten. Mehl darüberstreuen und unterrühren. Tomaten, Zucchini, Suppenpulver, Oregano und Salz dazugeben und abschmecken. 4 bis 5 Minuten köcheln lassen. Die Sahne dazugeben und nochmals abschmecken.

Die Soße soll flüssig sein. Nun in eine feuerfeste Form abwechselnd Soße, Nudelplatten und Käse schichten. Mit Soße und Käse enden.

Die Nudelplatten müssen ganz mit Flüssigkeit bedeckt sein.

Bei 200 Grad ca. 30 bis 35 Minuten backen.

Von Lucia Häutle,
Illertissen-Jedesheim,
und von Brigitte Wiedemann,
Betzigau (Foto)

Wertacher Fleischhaferl

Zutaten:
4 Schnitzel,
1 Knoblauchzehe,
Paprika, Pfeffer, Salz,
Curry, etwas Senf,
1 Dose Champignons,
2 Zwiebeln,
150 g durchwachsener
Speck,
1 Becher Sahne,
80 g geriebener
Emmentaler,
⅛ l Fleischbrühe

Schnitzel vierteln, dünn klopfen, würzen, Speck in kleine Würfel schneiden, rösten, Zwiebelringe goldbraun rösten, Fleischscheiben beidseitig kurz anbraten.

Bratenfond mit Wasser löschen, abschmecken, mit Sahne auffüllen.

Alle Zutaten lagenweise in eine feuerfeste Form schichten, mit Fond übergießen – zugedeckt eine Nacht ziehen lassen. Im Backofen bei 200 Grad etwa 45 Minuten erhitzen.

Hierzu reichen wir Spätzle!

Russischer Hackfleischtopf

Die gehackten Zwiebeln in Öl und Butter glasig dünsten. Die Hitze erhöhen und das Hackfleisch anbraten. Bei mittlerer Hitze den in Streifen geschnittenen Lauch, das Tomatenmark, die Brühe, den Senf und die Gewürze zugeben. Gut umrühren und ca. 15 Minuten dünsten.

In der Zwischenzeit kochen wir die Nudeln und stellen eine feuerfeste Form bereit. Zu unserer Hackfleischsoße geben wir noch die saure Sahne, mischen diese unter und schichten nun abwechselnd Nudeln und Hackfleischsoße in die Form. Das feine Gericht kann sofort serviert werden oder im Backofen noch kurz mit feingeriebenem Käse überbacken werden.

Von Bianca Linder,
Jengen,
und von Karin Eller,
Oberstaufen (kleines Bild)

Reisauflauf

Zutaten:
400 g Hackfleisch,
2 EL Butter oder Öl,
Salz, Pfeffer,
Paprikapulver,
450 g frisches Gemüse
(z.B. Karotten und
Erbsen),
250 g Basmati-Reis,
½ l Gemüsebrühe
(instant),
200 g geriebener Käse,
2 EL gehackte Petersilie

Das Hackfleisch im Öl anbraten, dabei zerbröseln und kräftig mit Salz, Pfeffer und Paprikapulver abschmecken.

Das Gemüse putzen, waschen und zerkleinern. In Salzwasser 5 Minuten blanchieren.

Den Reis mit dem Hackfleisch und dem Gemüse mischen, nochmals nachwürzen und die Kräuter zugeben.

Alles in eine gefettete Auflaufform geben, mit Käse bestreuen und mit der Brühe aufgießen.

Im vorgeheizten Backofen bei 250 Grad ca. 45 Minuten backen.

Statt Karotten und Erbsen kann man auch Zucchini und Tomatenwürfel nehmen – und mit „Kräutern der Provence" würzen.

Von Karin Eller,
Oberstaufen

Spinatstrudel
mit Tomatensoße

Zutaten:
Strudelteig:
300 g Mehl,
2 Eier,
2 EL Öl,
etwas Wasser

Fülle:
500 g Blattspinat
oder 1 Packung
Tiefkühl-Spinat
1 bis 2 Knoblauchzehen
2 Eier,
50 g Mandeln,
200 g Käse (Emmentaler
und Parmesan),
Salz, Pfeffer, Muskat

Soße:
500 g Tomaten,
Salz, Pfeffer,
1/2 TL Oregano,
1 Prise Zucker,
etwas Zitronensaft,
Sahne

Von Sieglinde Geier,
Oflings-Wangen

Spinat mit Knoblauchzehen dünsten und abkühlen; Strudelteig herstellen und unter feuchtheißem Topf ruhen lassen, Fülle fertigstellen, würzen. Strudel auf dünn bemehltem Tuch auswellen bzw. ausziehen. Fülle daraufstreichen, Seiten einschlagen und aufrollen, in ein Tuch wickeln, Enden zubinden und 1 Stunde im Wasser kochen. Tomatensoße aus Tomaten, Salz, Pfeffer, Oregano, Zucker, etwas Zitronensaft, eventuell mit etwas Sahne zubereiten. Oder Soße als Einbrenne mit 30 g Fett, ½ Zwiebel, 30 bis 40 g Mehl und ca. ½ l Flüssigkeit, würzen und Tomatenmark dazugeben.

Spinat einfach mal anders essen auch unsere 3 Mädels gern.

Karotten-Kartoffel-Auflauf

Zutaten:
1 ¼ kg Kartoffeln,
500 g Karotten,
200 g geräuch. Speck,
Butterschmalz,
Salz, Pfeffer,
2 Zwiebeln,
3 Scheiben Toastbrot,
150 g Emmentalerkäse,
Petersilie,
etwas Butter

Gemüse schälen und putzen. Kartoffeln je nach Größe vierteln oder achteln, Karotten in Scheiben schneiden, Speck in Würfel schneiden.

Schmalz erhitzen, 100 g Speck darin anbraten, Gemüse zufügen, mit Wasser aufgießen, würzen. Alles 15 Minuten kochen lassen. Für die Kruste Zwiebel fein würfeln, Toast in grobe Würfel schneiden, Petersilie hacken, restlichen Speck und geriebenen Käse, alles miteinander mischen.

Gemüse und Speck mit etwas Garflüssigkeit in eine Auflaufform geben. Krustenmischung und Butter in Flöckchen darauf verteilen. Alles im vorgeheizten Backofen 200 Grad 15 bis 20 Minuten backen.

Von Monika Hösle,
Oberellegg-Wertach

Kartoffel-Brokkoli-Auflauf

Zutaten:
1 kg gekochte Kartoffeln,
2 TL Margarine,
Salz und Pfeffer,
100 g geriebener Gouda
oder Emmentaler,
2 Dosen Brokkoli-
Cremesuppe

Die Kartoffeln in dünne Scheiben schneiden. Die Hälfte der Scheiben in eine gefettete Auflaufform geben, salzen und pfeffern. Mit der Hälfte des Käses bestreuen. Die restlichen Kartoffeln darauf schichten, salzen und pfeffern. Die Brokkolisuppe darüber gießen. Mit dem restlichen Käse abschließen. Im vorgeheizten Backofen bei 200 Grad 15 bis 20 Minuten überbacken.
Dazu schmeckt sehr gut Tomatensalat.

Von Martha Lochbihler,
Unterthal-Bad Grönenbach

Lauch-Schinken-Rollen

Zutaten:
8 große Stangen Lauch,
8 Scheiben gekochter
Schinken,
Muskat, Salz,
2 EL Butter,
2 EL Mehl,
¼ l Brühe (vom Lauch)
¼ l Milch oder Sahne,
100 g geriebener
Emmentaler

Lauch putzen, dunkles Grün entfernen, längs halbieren. 10 Minuten in ⅜ l Salzwasser mit Muskat kochen. Abgetropft (Brühe auffangen) mit je 1 Scheibe gekochtem Schinken umwickeln. Auflaufform dick mit Butter einfetten. Rollen einlegen.

Einbrenne aus Butter, Mehl und Lauchbrühe kochen. Mit Muskat abschmecken, Milch oder Sahne und Emmentaler unterrühren. Lauch damit übergießen. 20 Minuten bei 200 Grad im Ofen überbacken.

Dazu schmeckt sehr gut Kartoffelpüree.

Von Roswitha Klaus,
Reutacker-Probstried

Schweizer Rolle

Zutaten:
1 Packung Blätterteig
gefroren,
500 g Brät,
1 Ei,
Zwiebel,
Petersilie,
12 Scheiben Schinken
(dünn geschnitten),
12 Scheiben Emmentaler
(dünn geschnitten)

Blätterteig auswellen (Platten abbürsten, aufeinanderlegen und auswellen), Zwiebeln mit Petersilie in Butter andünsten. Brät mit dem Ei (keine Gewürze) verquirlen und die gedünsteten Zwiebeln unterrühren.

Auf den ausgerollten Teig: 1 Schicht Brät, 1 Schicht Schinken, 1 Schicht Brät, 1 Schicht Emmentaler Käse, 1 Schicht Brät geben und zusammenrollen. Auf Backblech legen, mit Zahnstocher einstechen und dünn mit zerlassener Butter bestreichen.

Im Backofen bei ca. 180 Grad 70 bis 80 Minuten backen.

10 Minuten vor Ende der Backzeit mit Eigelb bestreichen.

Von Erika Grotz,
Pleß

Schinkenauflauf mit Erbsen

Zutaten:
250 g Spiralnudeln,
Salz,
3 Karotten,
1 Zwiebel,
1 EL Butter,
150 g Tiefkühl-Erbsen,
250 g gekochter
Schinken,
250 g Magerquark,
150 g Crème fraîche,
2 Eier,
Pfeffer,
1 TL Thymian

Nudeln in Salzwasser bißfest garen. Karotten, Zwiebel schälen und fein würfeln. In heißer Butter bei mittlerer Hitze ca. 5 Minuten dünsten. Tiefkühl-Erbsen in kochendem Salzwasser etwa 1 Minute blanchieren. Abgießen und eiskalt abschrecken. Schinkenscheiben aufeinanderlegen, in Würfel schneiden.

Quark mit Crème fraîche und Eiern verquirlen. Kräftig mit Salz, Pfeffer und Thymian würzen. Quark-Ei-Masse mit Nudeln, Karotten, Zwiebeln, Erbsen und Schinken gut mischen.

Auflauf in eine gefettete Form füllen. Bei 180 Grad etwa 30 Minuten überbacken.

Von Margit Mader,
Kißlegg

Reisfleisch

Zutaten:
250 g gekochter Reis
350 g gemischtes
Hackfleisch,
1 eingew. Semmel,
1 Ei,
1 feingesch. Zwiebel,
Salz, Pfeffer, Paprika

Hackfleisch, Semmel, Ei, Zwiebel und Gewürze miteinander vermischen und abschmecken.
Jenaer Glasform mit Margarine auspinseln. Die Hälfte vom vorgekochten Reis hineinfüllen, dann die Hälfte vom Hackfleischteig daraufgeben, restlichen Reis darübergeben. Zum Abschluss Hackfleischteig darübergeben.
Butter- oder Margarineflocken daraufsetzen, ca. 60 Minuten backen.
Dazu Tomatensauce mit frischem Salat reichen. Dieses Rezept kann gut vorbereitet werden, einfach bis zum Backen kühl stellen. Wird auch von Kindern gerne gegessen.

Von Birgit Rauh,
Heising-Finken

Champignontorte

Zutaten:
125 g Mehl,
1 TL Backpulver,
75 g Fett,
1 Ei,
1 Prise Salz
Belag:
250 g geriebener Edamer,
1 kleine Zwiebel,
100 g gekochter
Schinken,
250 g Champignons
50 g Margarine,
2 Eier,
3 EL süße Sahne,
Salz, Pfeffer, Muskat

Mürbteig auf ein Blech ausrollen und ca. 10 Minuten bei 180 Grad vorbacken.
Zwiebel, Champignons in Fett dünsten. Schinken und Käse dazugeben. Gemisch auf den vorgeb. Boden streichen. Eier, Sahne, Gewürze verquirlen und über das Gemisch schütten.
Bei 180 Grad ca. 40 Minuten backen.
Guten Appetit!

Von Angelika Lipp,
Hindelang

Graupenauflauf

Zutaten:
250 g Graupen
(Buchweizen, Hirse,
Reis oder Weizen)
1 bis 2 Zwiebeln,
500 g Gemüse
(Karotten, Erbsen,
Sellerie, Lauch, etc.),
150 g Speck,
100 g geriebener Käse,
4 Eier,
4 EL saure Sahne,
Gewürze
 (z.B. Salz, Pfeffer,
Paprika, Muskat, etc.)

Getreide in Salzwasser weichkochen. Gemüse kleinschneiden oder grob raspeln. Den Speck in einer Pfanne auslassen, Zwiebelwürfel dazugeben, kurz anschwitzen, dann das restl. Gemüse leicht andünsten, eventuell mit Wasser ablöschen (hängt von dem verwendeten Gemüse ab). Lagenweise das Getreide und das Gemüse in eine gefettete Auflaufform einschichten, dabei immer etwas Käse zwischen die Schichten streuen. Die oberste Schicht sollte Getreide sein. Den Auflauf mit einer gewürzten Eiermilch übergießen.
Bei 200 Grad ca. 50 Minuten backen.
Mit gehackten Kräutern bestreuen und einer Kräuter-, Käse- oder Tomatensoße servieren.
Wird bei uns gerne in der Herbst-Winterzeit gegessen.

Von S. Heumos,
Kißlegg

Quiche Lorraine

Zutaten:
Teig:
200 g Mehl,
1 Prise Salz,
1 Ei,
125 g kalte Butter

Belag:
150 g gekochter
Schinken,
250 g Gouda,
4 Eier,
1 Becher saure Sahne

Einen Mürbteig herstellen und kalt stellen. Schinken würfeln, Käse raspeln und alles mit den Eiern und der Sahne verrühren. Mit Salz und Pfeffer abschmecken.

Den Teig ausrollen und eine gebutterte Quiche-Form damit auslegen. Die Mischung auf den Teig streichen und die Form bei 200 Grad 35 bis 40 Minuten backen. Mit Petersilie bestreut servieren.

Dieses Pizza ähnliche Gericht schmeckt auch den Kindern. Der Mürbteig gelingt immer.

Ich fühle mich als „halbe" Landfrau, weil meine Schwester im Kreuzthal verheiratet ist und ich hier mit meiner Familie oft Urlaub mache. Daher möchte ich Ihnen unser Lieblingsrezept zur Verfügung stellen.

*Von Gabi Kurze,
Willich*

Kartoffelauflauf mit Käse

Zutaten:
1 kg Kartoffeln,
200 g geräuchertes
Wammerl oder Schinken,
150 g Emmentaler,
½ l Sahne (oder 1 Teil davon
Milch),
Salz, Pfeffer, Muskat,
Butter

Eine flache, feuerfeste Form mit etwas Butter auspinseln. Die Kartoffeln schälen und fein schneiden. Das geräucherte Wammerl oder den Schinken fein schneiden und kurz andünsten. Den Emmentaler reiben.

Die Kartoffelscheiben salzen und pfeffern und einen Teil davon in die Form schichten. Darauf einen Teil Schinken und Käse geben. Das Ganze wiederholen, bis alle Zutaten aufgebraucht sind. Die oberste Schicht sollte Käse sein.

Die Sahne mit Salz, Pfeffer und Muskat würzen und darübergießen.

Zum Schluss Butterflöckchen daraufgeben und den Auflauf circa 70 Minuten bei 190 bis 200 Grad backen.

Der Auflauf eignet sich gut als Mittagessen, zu dem grüne Salate sehr gut passen.

Von Resi Barnsteiner,
Sulzschneid-Marktoberdorf

Gefüllter Wirsing

Zutaten:
1 Kopf Wirsing,
375 g Kalbsbrät,
500 ml Milch,
1 Ei,
1 EL heißes Fett,
5 EL Semmelbrösel,
2 EL Mehl,
Salz, Petersilie gewiegt,
Pfeffer, Muskat

Die Wirsingblätter vom Strunk lösen. In reichlich kochendem Salzwasser blanchieren, kalt abschrecken. Die dicken Blattrippen herausschneiden. Kalbsbrät mit Milch, Ei, heißem Fett, Semmelbrösel, Mehl und den Gewürzen schaumig schlagen.

Die Fettpfanne oder eine große Auflaufform mit Butter ausstreichen. ⅓ der Wirsingblätter hineinlegen, die Hälfte der Brätmasse darauf verteilen, Vorgang wiederholen und mit Wirsingblättern abdecken.

Bei 180 Grad ca. 40 Minuten backen.

Von Marianne Brey,
Pfaffenwinkel-Memmingen

Gemüse-Pizza

Zutaten:
Teig:
200 g Quark,
6 EL Milch,
1 Ei,
6 EL Öl,
½ TL Salz,
1 Prise Zucker,
400 g Mehl,
2 TL Backpulver

Belag:
250 g Salami in Scheiben,
400 g Zucchini,
300 g Auberginen,
500 g Tomaten,
1 TL Estragon,
Pfeffer, 200 g geriebener
Käse

Quark-Öl-Teig machen, ausrollen und auf ein gefettetes Blech legen. Zuerst Salami, dann die Zucchini, Auberginen und zuletzt die Tomatenscheiben schuppenförmig belegen. Mit Estragon, Salz und Pfeffer würzen. Käse darüber streuen und im vorgeheizten Backofen bei 200 Grad etwa 30 bis 40 Minuten backen.

Von Maria Wanner,
Pfaffenhausen

Lasagne Mexicana

Zutaten:
500 g gemischtes
Hackfleisch,
500 g geschälte
Tomaten,
1 Dose (250 g)
Kidneybohnen,
1 Dose (200 g) Pilze,
1 Dose (200 g) Mais,
1 kleine Zwiebel,
1 Zehe Knoblauch,
Salz, Pfeffer,
Chili und scharfer Paprika
zum Würzen
Béchamelsauce:
50 g Butter,
50 g Mehl,
½ l Milch,
etwas Weißwein,
50 g Käse,
Suppenbrühe,
Salz und Muskatnuss zum
Würzen
150 g Käse
Lasagneplatten
(ohne vorkochen)
Anzahl je nach der Größe
der Auflaufform

Die Zwiebel in Würfel schneiden und glasig werden lassen, das Hackfleisch würzen und gut anbraten. Das Gemüse dazugeben und mitbraten. Anschließend mit dem Tomatenpüree ablöschen und gut einkochen lassen. Würzen nach Geschmack, am besten scharf.

Für die Béchamelsauce die Butter erwärmen, das Mehl unter ständigem Rühren zugeben. Die Milch schluckweise zugeben und ständig mit einem Schneebesen fest rühren. Mit Suppenbrühe, Salz, Muskat und Wein abschmecken. Anschließend den Käse unterrühren. Die Béchamelsauce muss dickflüssig sein.

Die Auflaufform mit Butter ausstreichen. Nun werden die Zutaten nacheinander eingeschichtet. Zuerst die Hackfleischmischung, dann die Lasagneplatten, die Béchamelsauce und dann den Käse. Die Zutaten in dieser Reihenfolge so oft einschichten, bis alle Zutaten aufgebraucht sind oder die Form fast voll ist. Das Ganze nun bei 180 Grad Heißluft 45 Minuten im Ofen backen.

Von Anette Rädler,
Opfenbach-Mywiler

Meraner Hüttenfladen

Zutaten:
2 Römerle oder
Vollkornsemmel,
1 kleine Zwiebel,
1 rote Paprikaschote,
½ Dose Champignons,
250 g Hackfleisch,
3 EL Tomatenketchup,
Salz, Pfeffer, Oregano,
Paprika,
4 Scheiben Goudakäse

Die Semmel halbieren. Die Zwiebel in Fett andünsten, dann kleingewürfelte Paprika, Champignons und Hackfleisch mit andünsten. Zum Schluß den Tomatenketchup unterrühren und das Ganze noch würzen. Die Fleischmasse auf die Schnittfläche der Römerle streichen, den Goudakäse darauflegen und bei 175 Grad ca. 25 Minuten in der Jenaer-Form überbacken.

Von Gertrud Rist,
Eisenbolz-Weitnau

Winzerroulade

Zutaten:
300 g (Tiefkühl-)
Blätterteig,
300 g fertiges
Sauerkraut,
250 g gekochter Schinken
(gewürfelt),
150 g Emmentaler
(gerieben),
1 bis 2 EL Sahne

Den Blätterteig auftauen und in der Zwischenzeit das Sauerkraut abtropfen lassen. Den Blätterteig zu einem Rechteck ausrollen und mit dem Kraut belegen.

Den gewürfelten Schinken mit dem geriebenen Emmentaler auf das Kraut streuen.

Den Teig wie eine Biskuitroulade zusammenrollen und mit der Sahne bestreichen. Backzeit: 30 Minuten bei 180 bis 210 Grad.

Guten Appetit!

Von Petra Hohl,
Ellensberg-Lauben

Blätterteigrolle

Zutaten:
250 g Blätterteig
(1 Rolle),
250 g Brät,
200 g Käsescheiben,
200 g gekochter Schinken (aufgeschnitten)

Ausgerollten Blätterteig mit Brät bestreichen, Käsescheiben und Schinken drauflegen und aufrollen.

Auf ein mit Wasser bestrichenes Blech legen und mit verquirltem Ei bestreichen.

Im vorgeheizten Backofen bei 220 Grad ca. 30 Minuten backen.

Mit gemischten Salaten oder mit Gemüse servieren.

Von Veronika Echtler,
Krottenhill-Ingenried,
und von Petra Fink,
Oberstaufen-
Wiedemannsdorf

Allgäuer Käsestrudel

Die Zutaten für den Strudelteig mit dem Handrührgerät (Knethaken) zu einem geschmeidigen Teig verarbeiten, gut abschlagen, mit Öl bepinseln, zudecken und ruhen lassen.

Als Alternative kann auch Blätterteig verwendet werden.

Aus den angegebenen Zutaten einen Fleischteig herstellen.

Paprika in Streifen schneiden, Karotte fein hobeln, Zwiebel in Ringe schneiden und den Lauch fein schneiden. Gemüse dünsten, mit Salz, Pfeffer, eventuell Knoblauch abschmecken, alles gut durchdünsten und auskühlen lassen.

Strudelteig ausziehen, auf Küchentuch legen.

Zutaten:

für den Strudelteig:
300 g Mehl,
2 Prisen Salz
1 Ei,
2 EL Öl,
1 EL Essig,
8 bis 10 EL lauwarmes
Wasser

für den Hackfleischteig:
500 g Hackfleisch,
1 eingeweichte Semmel,
1 Ei,
1 EL Kräuter,
Salz, Pfeffer

für das Dunstgemüse:
1 rote und 1 grüne Paprika,
1 Karotte,
1 Zwiebel,
1 Stange Lauch,
125 g Champignons,
20 g Fett,
300 g Emmentaler oder
Gouda in Scheiben

(Blätterteig auswellen – Küchentuch-Größe).
Den Emmentaler oder Gouda auf den Strudel-
teig (Blätterteig) legen.
Hackfleischteig gleichmäßig auf dem Käse ver-
teilen und glattdrücken. Jetzt das gedünstete
Gemüse ebenfalls gleichmäßig verteilen. Das
Ganze nun zu einem Strudel aufrollen und auf ein
gefettetes Blech legen. Bei ca. 200 Grad ca.
30 bis 40 Minuten backen.
Aus dem Rohr nehmen und ca. 10 Minuten
abkühlen lassen und aufschneiden.
Gutes Gelingen!

Von Rosi Reichenbach,
Hub-Untrasried

Gemüse-Wurst-Eintopf

Zutaten:
2 Kohlrabi,
300 g Karotten,
250 g Zwiebel,
500 g Kartoffeln,
3 EL Butter,
½ l heiße Fleischbrühe,
Pfeffer, Fondor
(Würzmittel),
500 g Lyoner
(oder andere Wurst),
2 EL Petersilie,
Salz,
¼ l saure Sahne,
3 EL Tomatenmark

Kohlrabi schälen und würfeln. Karotten abschaben und in Scheiben schneiden. Zwiebel putzen und in Ringe schneiden. Kartoffeln schälen und in Würfel schneiden. Die Butter in einem Topf erhitzen. Zwiebel, Kartoffeln, Kohlrabi und die Karotten in den Topf hineingeben und unter Rühren bei mittlerer Hitze ca. 5 Minuten anbraten. Die heiße Fleischbrühe zugießen und mit etwas Pfeffer und Fondor würzen. Alles im geschlossenen Topf ca. 20 Minuten bei milder Hitze kochen lassen. Die Lyoner enthäuten und in Würfel schneiden. Die Petersilie dazugeben. Lyoner zum Gemüse geben und weitere 5 Minuten mitköcheln lassen. Den Eintopf nochmal mit Salz, Pfeffer und Fondor würzen. Die saure Sahne mit dem Tomatenmark verrühren und in den Eintopf hineingeben. Alles nochmal umrühren. Man kann eventuell noch Petersilie darüberstreuen.

Von Marlene Köpf,
Biessenhofen

Kartoffelauflauf

Zutaten:
800 g rohe Kartoffeln,
verschiedenen
Wurstreste z.B. Salami,
Schinken roh oder
gekocht,
2 Becher Sahne,
2 Eigelb,
250 g geschnittener
Käse,
150 g geriebener Käse,
Salz, Pfeffer,
Fondor, Muskat

Kartoffeln schälen, in dünne Scheiben hobeln. In eine ausgebutterte Auflaufform schichtweise Kartoffeln etwas Salz und Pfeffer, danach Wurst und Käse, und die letzte Schicht mit Kartoffeln.

Zubereitung der Soße:
Sahne, Eigelb und geriebenen Käse verquirlen und abschmecken.

Zuletzt die Soße über den geschichteten Auflauf geben. Bei 200 Grad ca. 1 Stunde backen, eventuell bei halber Zeit mit Alufolie abdecken.
Zum Auflauf passt frischer grüner Salat.

Von Sofie Weixler,
Leiterberg-Betzigau

Gemüseauflauf

Zutaten:
1 kleiner Blumenkohl
ca. 750 g,
400 g Brokkoli,
200 g Karotten,
200 g gekochter
Schinken

für die Käsesauce:
50 g Butter,
30 g Mehl,
250 g Sahne,
$\frac{1}{8}$ l Milch,
120 g geriebener
Emmentaler,
Salz, Pfeffer,
geriebene Muskatnuss,
1 Knoblauchzehe

Das Gemüse waschen und abtropfen lassen, zerkleinerten Blumenkohl und Brokkoli in Röschen teilen, Karotten würfeln. Schinken in Streifen schneiden. Salzwasser in einem großen Topf erhitzen und Gemüse bißfest garen. Wasser abgießen.

Für die Käsesauce die Butter in einem Topf (erhitzt) zerlassen, das Mehl zugeben und hell anbraten. Knoblauch klein geschnitten dazugeben. Mit Sahne und Milch aufgießen, ständig rühren und 3 bis 4 Minuten köcheln lassen. Den Käse unterrühren. Würzen und 2 bis 3 Minuten köcheln lassen.

Das Gemüse in einer Auflaufform mischen, mit dem Schinken bestreuen und mit der Käsesauce übergießen. Im Backofen 15 bis 30 Minuten knusprig überbacken. Umluft 180 Grad oder Ober- und Unterhitze 200 Grad.

Es kann auch anderes Gemüse verwendet werden – beispielsweise Bohnen, Erbsen, Kohlrabi, je nach Geschmack.

Von Marluise Schwaier,
Webams-Eggenthal

Spinatspatzen
mit Käse überbacken

Zutaten:
150 g Tiefkühl-Spinat,
250 g Mehl,
2 Eier,
1 TL Salz
2 Zwiebeln,
250 g Champignons,
20 g Butter,
1 Becher Crème fraîche,
Salz, Pfeffer,
Muskatnuss,
150 g geriebener
Allgäuer Emmentaler

Spinat mit 3 EL Wasser in einen Topf geben, auf kleiner Hitze auftauen lassen. Aus Mehl, Eier, Salz, 5 EL Wasser und Spinat einen Spatzenteig herstellen. Den Teig mit dem Spatzenhobel in kochendes Salzwasser verarbeiten. Kurz aufkochen lassen und durch ein Sieb abgießen. Die fertigen Spatzen in eine mit Butter ausgefettete Auflaufform geben.

Für die Soße die Zwiebeln fein würfeln, Champignons waschen, putzen und in Scheiben schneiden. Fett in einer Pfanne erhitzen. Zwiebeln und Champignons zufügen und andünsten. Crème fraîche unterrühren, kurz erhitzen und mit Salz, Pfeffer und Muskatnuss abschmecken.

Soße über die Spatzen geben und den Käse darüber streuen. Bei 200 Grad ca. 10 Minuten überbacken.

Von Sabrina Pfalzer, Buxach

135

Nudelauflauf mit Champignons

Zutaten:
250 g Makkaroni oder
Nudeln, nach Belieben,
200 g gekochter
Schinken,
1 Dose Champignons,
100 g geriebener
Emmentaler oder
Scheibletten,
3 Eier,
1 Becher Sahne,
Salz, Pfeffer,
Paprikapulver,
2 EL Semmelbrösel,
40 g Butter

Nudeln abkochen, Schinken würfeln, Champignons in Scheiben schneiden. Auflaufform einfetten.

Nudeln, Schinken, Champignons und Käse abwechselnd schichten, dazwischen etwas salzen. Eier, Sahne und Gewürz verquirlen und gleichmäßig über die Zutaten in die Form gießen. Mit Semmelbrösel überstreuen und Butterflöckchen darübergeben.

Zugedeckt bei 200 Grad, mittlere Schiene, ca. 50 bis 60 Minuten backen. Die letzten 15 Mintuen aufdecken.

Es können auch Brokkoli-Röschen oder gehackte Petersilie beigemengt werden.

Von Anna Kohle,
Rot-Spindelwag

Überbackener Fenchel

Zutaten:
4 Fenchelknollen,
4 Scheiben roher
Schinken,
1 Becher Kräuter-
Crème fraîche,
1 Gorgonzola-Käse,
Salz

Die Fenchelknollen in Salzwasser ca. 25 Minuten garen, abtropfen lassen. Eine Auflaufform einfetten. Um jede Fenchelknolle eine Scheibe Schinken wickeln.
Crème fraîche auf den Schinken verteilen. Gorgonzola in Streifen darauf schneiden.
Die Fenchelknolle im vorgeheizten Backofen bei 200 Grad 25 Minuten überbacken.
Dazu: Vollkornreis.

Von Rosemarie Weishaupt,
Ringschnait

Heu und Stroh

Zutaten:
400 g Nudeln,
250 g Mascarpone,
200 g Gorgonzola,
50 g geriebener
Parmesan,
Salz,
weißer Pfeffer,
4 große Champignons

Nudeln kochen und warm halten.

Mascarpone in einem großen Topf erwärmen, Gorgonzola hineinbröckeln und schmelzen lassen. Geriebenen Parmesan unter die Käsemasse rühren. Mit Salz und Pfeffer würzen. Die Nudeln dazugeben und untermischen. Den Topf vom Herd nehmen und zugedeckt kurz durchziehen lassen.

Champignons putzen und in hauchdünne Scheiben hobeln. Über die Nudeln verteilen und sofort servieren.

Von Blanca Linder,
Jengen

Emmentaler-Pastete

Zutaten:
125 g Mehl,
75 g Butter,
1 Prise Salz,
1 Ei

Füllung:
250 g Emmentaler,
2 Zwiebeln,
250 g Champignons,
50 g Butter,
200 g gekochter
Schinken,
3 Eier,
75 g Mehl,
⅛ l saure Sahne,
Salz, Pfeffer, Muskat

Mürbteig in Springform drücken, Rand andrücken, bei 180 Grad 15 Minuten backen. Käse hobeln, Zwiebeln hacken, Champignons mit Zwiebeln 10 Minuten in Butter dünsten. Diese Masse auf den vorgebackenen Boden geben, Sahne, Eier, Mehl und Gewürze verschlagen und über die Füllung gießen. Die Pastete 50 Minuten backen.
Gutes Gelingen!

Von Karola Haggenmüller,
Winnings-Wiggensbach

Hauptgerichte ohne Fleisch

Pfannkuchen
mit Spinat-Schafskäse-Füllung

Zutaten:
für die Pfannkuchen:
250 g Mehl,
Salz,
3 Eier,
500 ml Milch

für die Füllung:
300 g Tiefkühl-Rahm-
Blattspinat,
1 große Zwiebel,
1 Knoblauchzehe,
1 EL Olivenöl,
200 g Schafskäse,
Dill,
Salz,
schwarzer Pfeffer

Mehl, Eier und Milch glatt rühren. Mit Salz würzen. Den Teig 10 Minuten ausquellen lassen. Spinat in einem Sieb auftauen und abtropfen lassen. Zwiebel und Knoblauch schälen und fein hacken. Schafskäse in kleine Würfel schneiden. Dill waschen, trockentupfen und fein schneiden. Öl erhitzen. Knoblauch und Zwiebeln darin andünsten, Spinat zufügen. Mit Dill, Salz und Pfeffer kräftig würzen. Schafskäse unterheben. Eine Pfanne mit Öl einstreichen. Aus dem Teig Pfannkuchen backen. Füllung hineingeben und zweimal übereinander schlagen.
Eventuell mit Tomatensoße servieren.

Von Andrea Brey,
Pfaffenwinkel-Memmingen

Grünkern-Käse-Klößchen

Zutaten:
200 g Grünkernschrot,
500 ml Gemüsebrühe,
1 zerdrückte
Knoblauchzehe,
gemahlener schwarzer
Pfeffer,
Meersalz,
2 EL gehackte Petersilie,
2 Eier (getrennt),
5 EL geriebener Käse,
Salzwasser

Grünkernschrot in Gemüsebrühe kochen und ca. 20 Minuten ausquellen lassen. Die Masse erkalten lassen, mit Knoblauch, Pfeffer, Salz, Petersilie abschmecken. Eigelb und geriebener Käse unterrühren, Eiklar steif schlagen, vorsichtig zugeben. Mit Hilfe von 2 EL kleine Klößchen formen, diese in kochendem Salzwasser ca. 5 bis 10 Minuten garen, bis sie an der Oberfläche schwimmen.

Dazu paßt gut Tomatensoße und Kartoffelpüree.

Von Margit Hofer,
Wald

Sauerkraut-Lasagne

Zutaten:
200 g grüne
Lasagneplatten,
2 Schalotten,
2 rote Paprika,
Butter,
2 EL Tomatenmark,
500 g Sauerkraut,
$\frac{1}{8}$ l trockener Weißwein,
300 g Crème fraîche,
300 g saure Sahne,
Salz, Pfeffer,
1 bis 2 EL Zucker,
100 g geriebener
Emmentaler

Die Lasagneplatten nach Packungsanweisung kochen, abgießen und abtropfen lassen. Inzwischen die Schalotten abziehen und fein hacken. Den Paprika waschen, vierteln und von Stielansatz, Kerngehäuse und Trennhäuten befreien. Das Fruchtfleisch in Streifen schneiden.

Die Schalotten in der erhitzten Butter glasig dünsten, dann das Tomatenmark, das Sauerkraut sowie die Paprikastreifen zufügen. Mit dem Wein ablöschen und alles zugedeckt bei kleiner Flamme ca. 15 Minuten garen.

Anschließend die Crème fraîche und die saure Sahne zugeben. Mit Salz, Pfeffer und Zucker würzen.

Eine entsprechend große Auflaufform ausbuttern. Dann abwechselnd Sauerkraut und Lasagneplatten einschichten. Den Auflauf mit dem geriebenen Emmentaler bestreuen, in dem auf 180 Grad vorgeheizten Backofen ca. 30 bis 40 Minuten backen.

Gutes Gelingen!

Von Barbara Enzensberger,
Settele-Stötten a. A.

Kartoffel-Gemüse-Pizza

Zutaten:
für den Teig:
500 g Kartoffeln,
3 Eier,
3 EL Mehl,
2 bis 3 EL Crème fraîche,
Salz, Pfeffer, Muskat,
frisch gehackte Kräuter
nach Geschmack

für den Belag:
100 g Karotten,
100 g Lauch,
100 g Brokkoli,
100 g Erbsen,
2 Eier,
3 bis 4 in Scheiben
geschnittene Tomaten,
Pfeffer, Salz,
gehackte Kräuter nach
Belieben,
100 g geriebener
Emmentaler

Die Kartoffeln mit der Schale kochen, pellen und heiß durch eine Kartoffelpresse drücken. Die restlichen Zutaten für den Teig dazugeben und alles verkneten. Eine runde Backform fetten und mit dem Teig auslegen. Den Backofen auf 180 Grad (Gas Stufe 2 bis 2 ½) vorheizen.

Die Karotten, den Lauch und den Brokkoli waschen, putzen und klein schneiden, zusammen mit den Erbsen in einer Pfanne etwas andämpfen. Die Eier verquirlen, unter das Gemüse mischen und alles mit Pfeffer, Salz und Kräuter abschmecken. Die Gemüse-Ei-Mischung auf den Teig verteilen, Mit Tomatenscheiben belegen und den geriebenen Käse darüber streuen. Die Pizza im vorgeheizten Ofen 30 bis 40 Minuten backen.

Dazu schmeckt gemischter Salat.

Von Rita Sieber,
Leutkirch-Wielazhofen

Maiswaffeln

Zutaten:
1 kleine Dose Mais,
abgetropft,
4 bis 5 EL Mehl,
1 Ei,
Salz, Pfeffer, Muskat,
Öl zum Braten

Mais pürieren, dann Mehl, Ei und die Geschmackszutaten zugeben und miteinander verrühren. Waffeleisen mit Öl einfetten und erhitzen, ca. 2 EL Teig ins Waffeleisen geben und ausbacken.

Dazu passt sehr gut Frühlingsquark oder ähnliches.

Guten Appetit.

Von Anneliese Schiegg,
Haldenwang

Schleifernudeln

Zutaten:
250 g Vollkornmehl,
1 Ei,
Salz,
etwas Milch oder Wasser,
4 bis 5 Kartoffeln
(mittelgroß),
¼ l Milch,
Muskat, Salz,
1 große Zwiebel,
Butter

Aus Mehl, Ei, Salz und Milch einen festen Nudelteig kneten. Schupfnudeln daraus machen. In Salzwasser kochen, kalt abbrausen.
Kartoffeln schälen, in grobe Würfel schneiden. Diese in einen Topf mit Milch geben, darauf die Schupfnudeln. Die Zwiebel klein schneiden und in Butter hellbraun anbraten. Wenn die Kartoffeln weich sind, mit Muskat und Salz abschmecken. Vor dem Servieren die hellbraun gerösteten Zwiebel darübergeben.
Dazu schmeckt grüner Salat, Endivien oder Feldsalat mit Tomaten.

Von Kreszentia Mayer,
Oberdorf-Waltenhofen

Kartoffelnudeln

Zutaten:
250 bis 300 g Mehl,
Salz,
2 bis 4 EL Wasser,
5 bis 7 am Vortag
gekochte Kartoffeln

Nudelteig herstellen, aus dem Teig kleinfingerlange, bleistiftdicke Nudeln drehen. In kochendem Salzwasser 5 bis 10 Minuten kochen, abseihen, abtropfen lassen und anschließend in heißem Fett leicht anrösten. Die geschälten Kartoffeln in dünne Scheiben schneiden und zusammen anrösten. Mit Salz würzen.

Von Mariluise Stölzle,
Oberschönegg

Wecksoufflé

Zutaten:
3 altbackene Brötchen
(in feine Würfel
geschnitten),
1 Schalotte
(fein gehackt),
etwas Butter,
2 EL Petersilie
(fein gehackt),
200 ml Sahne,
3 Eigelb,
3 steif geschlagene
Eiweiß,
Salz,
Muskatnuss

Die Brotwürfelchen mit warmer Sahne übergießen und ziehen lassen. In der Zwischenzeit die Schalotte mit der Petersilie in Butter dünsten, abkühlen lassen und zu den Brotwürfelchen geben. Eigelb gut darunter mischen und mit Salz und Muskatnuss abschmecken. Zum Schluss den Eischnee darunter heben. Das Soufflé in eine ausgebutterte Auflaufform geben und im Wasserbad (Saftpfanne) in dem auf 180 Grad vorgeheizten Backofen ca. 40 Minuten garen. Mit einer Champignon-Soße und grünem Salat servieren.

Von Maria Eckel,
Buch

Zucchini-Eierpfanne

Zutaten:
2 Zwiebel,
1 Knoblauchzehe,
400 g Zucchini,
30 g Margarine,
1 Fleischtomate,
Salz, Pfeffer,
Petersilie,
4 Eier,
50 g geriebener Käse
(Emmentaler oder
Bergkäse)

Zwiebelringe, zerdrückter Knoblauch und Zucchinischeiben in heißem Fett anbraten. Tomatenstücke zufügen.

Mit Salz und Pfeffer würzen und 5 Minuten schmoren. Eier und etwas Salz mit einer Gabel verschlagen und grob gehackte Petersilie unterrühren.

Über das Gemüse gießen und mit geriebenem Käse bestreuen. In geschlossener Pfanne bei kleiner Hitze in etwa 5 Minuten fertig.

Dazu passt Bauernbrot.

Von Doris Felder,
Harratried-Röthenbach

Indischer Blumenkohl

Blumenkohl in Röschen und Strunk in Scheiben schneiden, Zwiebel, Knoblauch, Ingwer, Chili fein hacken und in Butterschmalz anrösten. Blumenkohl hinzufügen und mit den Gewürzen bestreuen. 3 EL Joghurt einrühren, eventuell mit wenig Wasser aufgießen und ca. 6 bis 10 Minuten dünsten, er muß noch „Biß" haben.

Restlichen Joghurt mit Sahne verquirlen und dazugeben.

Mit Petersilie bestreuen und Reis darunter mischen oder extra dazu reichen.

Man kann auch Kartoffelpüree und Salat dazu reichen.

Guten Appetit!

Von Sylvia Müller,
Helchenried

„Milchnudla" aus Omas Zeiten

Zutaten:
Nudeln,
Milch,
Salz,
eventuell Zucker und
Zimt,
etwas Butter

Salzwasser aufstellen. Nudeln kochen, bis sie bißfest sind. Nudelwasser abgießen. Butter in den Topf zu den Nudeln geben und mit Milch aufgießen, bis Nudeln mit Milch bedeckt sind.

Wenn man die Milchnudeln salzig mag, mit Salz und etwas Suppenwürze abschmecken. Die Nudeln müssen die ganze Milch aufgesogen haben, sie sind besonders lecker, wenn sich unten am Topf „a schubat" (Kruste) gebildet hat.

Wer sie süß mag, kann die Nudeln, wenn sie fertig sind, mit Zucker und Zimt im Teller bestreuen. Zu den salzigen paßt Salat und zu den süßen Apfelmus.

Unsere Kinder sind ganz heiß drauf. Auf dem Foto – Kampf um „d schubat".
Guten Appetit!

Von Fam. Mayer,
Berg bei Böhen

Topfennockerl

Zutaten:
4 EL Butter,
4 EL Zucker,
1 Päckchen Vanillezucker,
¼ l lauwarme Milch

Teig:
500 g Quark,
etwas Salz,
4 ganze Eier,
125 g Mehl

Beilage:
Apfelmus oder Kompott

Backofen auf 200 Grad vorheizen. In eine höhere Kasserolle die Butter geben, Zucker, Vanillezucker, Milch dazu verrühren, etwas erwärmen (lau). Aus Quark, Salz, Eiern und Mehl Teig herstellen. Danach mit einem Eßlöffel Nockerl formen und in die lauwarme Flüssigkeit geben. Im Backofen nicht zugedeckt bei 200 Grad 30 Minuten backen. Die Nockerln werden fast doppelt so groß, müssen sofort gegessen werden, fallen sonst zusammen.
Gutes Gelingen!

Von Karola Haggenmüller,
Winnings-Wiggensbach

Zwiebelknusperle

Zutaten:
3 mittelgroße Zwiebeln,
4 Eier getrennt,
2 EL Mehl,
Salz, Pfeffer, Paprika,
½ TL gekochte Brühe,
3 EL Petersilie gehackt,
Ausbackfett

Zwiebeln fein hacken, mit Eigelb, Mehl, Salz, Gewürzen und Petersilie mischen, abschmecken, dann vorsichtig steifen Eischnee unterheben und mit Suppenlöffel nebeneinander Häufchen in Pfanne mit reichlich heißem Fett setzen, etwas flach drücken und auf jeder Seite ca. 2 bis 3 Minuten backen, in Warmhalteschüssel oder Platte geben und sofort servieren.

Dazu schmeckt sehr gut Kartoffelsalat mit grünem oder Mischsalat (im Sommer), Kartoffelbrei und Gemüse aller Art (im Winter).

Zwiebelknusperle sind schnell zubereitet, leicht verdaulich, blähen nicht, sind auch für Zwiebelempfindliche gut verträglich!

Die Durchsicht meiner Zwiebelvorräte ist auch oft Anlaß für dieses Gericht!

Von Brigitte Rauh,
Kempten

Krautbaunzen

Zutaten:
Nudelteig
500 g Mehl,
4 Eier,
etwas Salz,
1 kleine Dose Sauerkraut

Sauerkraut ausdrücken und fein schneiden. In Nudelteig gleich Sauerkraut mit rein kneten. Dann fingerdicke Nudeln machen. Die Nudeln in Salzwasser kochen. Die fertig gekochten Nudeln im kalten Wasser abschrecken, dann in einer Pfanne mit Fett abrösten und 2 bis 3 Eier darüber schlagen.

Von Laura Feneberg,
Eggenthal,
und von Anita John,
Zaisertshofen

Eier-Schnittlauch-Soße

Zutaten:
30 bis 50 g
Butterschmalz,
2 EL Mehl,
Salz, Zucker,
Essig,
Wasser und Milch
(insg. $\frac{3}{4}$ l)
6 hartgekochte Eier,
1 bis 2 Tassen voll fein
geschnittener
Schnittlauch

Aus Butterschmalz und Mehl eine helle Einbrenne herstellen, mit Wasser und Milch aufgießen. Aufkochen lassen und mit Salz, Zucker und Essig süß-sauer abschmecken. Die in Würfel geschnittenen Eier und den Schnittlauch dazugeben. Heiß zu Salzkartoffeln reichen.

Von Regina Merz,
Görwangs-Aitrang

Grünkernpflanzl
mit Soße Venezia

Zutaten:
150 g geschroteter
Grünkern (ca. 50 g davon
fein mahlen),
¼ l Wasser oder kalte
Gemüsebrühe,
1 Zwiebel,
Majoran,
Salz,
Pfeffer,
1 Ei oder 1 EL feinst
gemahlener Dinkel,
Petersilie,
nach Belieben ca. 50 g
fein geriebene Karotten
oder Sellerie

für die Soße:
¼ l süßer Rahm
geschlagen,
¼ l Sauerrahm oder
Schmand,
1 TL mittelscharfer Senf,
1 Knoblauchzehe
(schmeckt auch ohne),
1 Bund Dill fein gehackt,
Kräutersalz,
frisch gemahlener Pfeffer

Von Christine Sigg,
Wangen-Leupolz

Den geschroteten Grünkern in Wasser oder Gemüsebrühe ca. 1 Stunde quellen lassen. Zwiebel in kleine Würfel schneiden und die Gewürze nach der Einweichzeit dazugeben. Das aufgeschlagene Ei oder das Dinkelmehl dazugeben und gut durchmischen. Karotten und/oder Sellerie dazu. Masse nochmals kurz ziehen lassen. Mit dem Eisportionierer Kugeln in die heiße Pfanne setzen, mit einem feuchten Löffel flachdrücken und auf beiden Seiten anbraten.

Soße Venezia: Den fein gehackten Dill mit allen anderen Zutaten gut vermischen. Das ergibt eine schaumigweiche Creme, die auch gut zu gedünstetem Gemüse paßt.

Die Pflanzl schmecken auch kalt sehr gut und für eine tierisch eiweißfreie Ernährung ist dieses Gericht ebenfalls ideal.

Gemüsemaultaschen

Zutaten:
6 Maultaschen,
1 Zwiebel,
Gemüse nach Geschmack,
vorgekocht oder
tiefgekühlt,
etwas Butter,
Salz,
Pfeffer,
Suppenwürze

Die feingeschnittene Zwiebel andünsten, die in Scheiben geschnittenen Maultaschen dazugeben und mit andünsten.

Das vorbereitete Gemüse dazugeben und alles im geschlossenen Topf gardünsten lassen.

Ist etwas für die schnelle Küche und schmeckt zudem super.

Von Elfriede Kolb,
Heimenkirch

Grünkernbraten

Zutaten:
½ l Gemüsebrühe,
250 g Grünkernschrot,
150 g Karotten,
75 g Zucchini,
50 g Zwiebeln,
Petersilie, Salz,
Pfeffer, Paprika,
80 g Sonnenblumenkerne,
gehackt,
2 Eier,
100 g Frischkäse,

1 TL Pflanzenöl zum
Bestreichen

Die Brühe aufkochen, Schrot einrühren und 20 Minuten quellen lassen. Das Gemüse dünsten und mit allen anderen Zutaten zu einem gleichmäßigen feuchten, aber formbaren Teig verarbeiten. Mit den Gewürzen abschmecken. Aus der Masse einen Braten formen, auf ein mit Backpapier ausgelegtes Blech oder in eine Form setzen und mit Öl bestreichen.
Bei 200 Grad 25 bis 30 Minuten backen.
Dazu passt Salat und Tomatensauce, aber auch Zaziki oder Kräuterquark.

Der Grünkernbraten ist nicht nur gesund, er schmeckt auch super! Im Sommer kann man die vielen Gemüse und Kräuter aus dem Garten alle für diesen Grünkernbraten verwenden, erlaubt ist alles von Kohlrabi bis Porree.

Von Beatrix Schad,
Krummen-Kreuzthal

Krautnudeln

Zutaten:
400 g Weizenmehl,
1 Ei,
½ bis 1 TL Salz,
1 große Dose Sauerkraut
(ca. 800 g),
1 Tasse Wasser,
20 g Butter oder
Margarine

Das Mehl auf die Arbeitsfläche geben, in die Mitte eine Mulde drücken und das Ei hineingeben. ½ bis 1 TL Salz darüberstreuen. Das Sauerkraut um das Mehl herum verteilen und alles miteinander verkneten. Von dem fertigen Teig immer etwas abzupfen und „Nudeln" daraus kneten.
In eine (beschichtete) Pfanne ca. 20 g Butter oder Margarine geben und die Krautnudeln darin anbraten, ½ Tasse Wasser dazugeben, bei mittlerer Hitze ca. 10 Minuten braten (mit Deckel abdecken), dann wenden und die restliche ½ Tasse Wasser dazugeben und bei mehrmaligem Wenden weitere 20 Minuten braten (eventuell noch etwas Wasser dazugeben, falls es verdunstet ist).

Bei uns gibt es die Kraut-nudeln meistens am Freitag. Sie sind leicht zu machen, man muß nicht viele Zutaten im Haus haben, gehen schnell. Sie sind ein preiswertes Essen und schmecken vor allem der ganzen Familie: Franziska, 6 Jahre, kocht sie manchmal dem Papa, da es sein Lieblingsessen ist, aber auch der Mama, dem Florian, 5 Jahre, und dem Maximilian, 3 Jahre, schmecken sie hervorragend!!!

*Von Petra Höbel,
Seeg*

Karotten-Käse-Puffer

Zutaten:
500 g Kartoffeln,
250 g Karotten,
2 Zwiebeln,
2 Eier,
3 EL Haferflocken,
100 g geriebener Käse
(Gouda oder
Emmentaler),
1 Bund Schnittlauch,
Pfeffer,
Salz

Kartoffeln, Karotten und Zwiebeln schälen, waschen und reiben. Eier zugeben, Haferflocken und geriebenen Käse unter die Masse ziehen. Den Schnittlauch in Röllchen schneiden und untermischen. Mit Salz und Pfeffer nach Belieben abschmecken. In Butterschmalz goldbraun und knusprig braten.

Tipp: Die Karotten-Käse-Puffer schmecken herzhafter, wenn man noch etwas kleingeschnittenes Wammerl in die Kartoffelmasse gibt.

Von Gabriele Fleschutz,
Dietmannsried

Brennesselschnitzel

Zutaten:
100 g Dinkelschrot,
½ l Gemüsebrühe,
1 Ei,
1 Zwiebel,
200 g junge Brennesseln,
Muskat,
Salz,
Galgant,
Sonnenblumenkerne

Dinkelschrot in Gemüsebrühe 5 Minuten kochen und ausquellen lassen.

Zwiebeln klein schneiden, Brennesseln kurz blanchieren (danach können sie ohne Handschuhe weiterverarbeitet werden). Brennesseln klein schneiden und mit den geschnittenen Zwiebeln weich dünsten. Brennesselmasse zu dem Dinkelschrot geben, Ei und Gewürze daruntermischen, wenn die Masse zu weich ist, Semmelbrösel oder Haferflocken dazugeben.

Kleine Taler formen, in Sonnenblumenkernen wenden. Butter in Pfanne geben, die Taler goldgelb rausbacken.

Dazu passt Kräuterdip mit Kapuzinerkresseblüten.

Unsere Fam. freut sich schon wieder, wenn die Brennesseln wachsen. Dann gibts wieder Brennesselschnitzel.

Von Betha Grath,
Rutzhofen-Stiefenhofen

Rosenkohl-Kartoffel-Eintopf

Zutaten:
600 g Kartoffeln,
300 g Karotten,
150 g Zwiebeln,
1 ½ EL Butter oder
Margarine,
750 g Rosenkohl,
Salz,
Pfeffer,
Kräuter (Schnittlauch,
Petersilie, Majoran),
1 ¼ l Instant-
Gemüsebrühe

Kartoffeln schälen und in Würfel schneiden. Karotten in dicke Scheiben schneiden. Zwiebeln grob würfeln. Butter erhitzen und darin die Zwiebeln andünsten.

Rosenkohl, Karotten und Kartoffeln zugeben und unter Rühren kurz dünsten. Mit Salz, Pfeffer und den Gewürzen abschmecken und die Brühe angießen. Zugedeckt etwa 25 Minuten bei kleiner Hitze kochen lassen. Vor dem Servieren den Eintopf nochmal mit Salz und Pfeffer nachwürzen.

Man kann den Eintopf noch mit geschnittenen Wienerle oder mit Kasseler verfeinern. Sollten vom Vortag noch Gemüsereste übrig sein, kann man diese natürlich auch noch kurz vor dem Kochende zugeben.

Diesen Eintopf isst sogar unsere Tochter Steffi (2) gerne, die eigentlich gar kein Gemüsefan ist.

Von Karin Eller,
Oberstaufen

Kohlrabi-Überraschung

Zutaten:
2 bis 3 große Kohlrabi,
Salz,
je 1 Bund Schnittlauch,
Dill, Petersilie,
150 g geriebener Käse,
40 g Mehl,
40 g Butter,
¼ l Milch,
Salz, Pfeffer, Muskat

Die Kohlrabi putzen, schälen. Jede Knolle in 1 cm dicke Scheiben schneiden. In leicht gesalzenem Wasser 8 bis 10 Minuten garen. Herausnehmen und mit Küchenpapier trockentupfen. Von dem Kochwasser ¼ l abmessen. Die Kräuter waschen und feinhacken. ⅔ des Käses mit den Kräutern mischen.
Zwischen 2 Kohlrabischeiben immer etwas von der Kräuterfüllung geben, zusammendrücken. Nebeneinander in eine gut gefettete Form schichten.
Für die Soße das Mehl in der Butter anschwitzen. Mit Kochwasser eventuell Milch auffüllen. 10 Minuten köcheln lassen. Abschmecken. Über die Kohlrabi gießen. Den übrigen Käse darüber streuen. Im vorgeheizten Ofen bei 200 Grad gute 10 Minuten überbacken. Am besten schmecken neue Kartoffeln dazu.

Von Petra Hartmann,
Aichstetten

Reispfanne

Zutaten:
3 EL Öl,
2 Schnitzel,
1 rote Paprika,
1 gelbe Paprika,
1 k.l Stange Lauch,
2 Zwiebeln,
¾ l Brühe,
250 g 8-Minuten-Reis,
300 g Tiefkühl-Erbsen,
Salz,
Pfeffer,
Paprika

Fleisch in fingerdicke Streifen schneiden.
Paprika würfeln, Lauch in Ringe schneiden,
Zwiebel würfeln. Fleisch in Öl anbraten, zurück-
schalten und Gemüse zugeben, andünsten und
mit Brühe aufgießen. Reis zugeben, unterrühren,
ohne Deckel 8 Minuten quellen lassen.
Erbsen zugeben und heiß werden lassen.
Mit Salz, Pfeffer und Paprika abschmecken.

Von Berta Beggel,
Ungerhausen

Gemüse-Pfannkuchen

Zutaten:
Pfannkuchenteig:
250 g Mehl,
Salz,
3 Eier,
½ l Milch,
Fett zum Ausbacken

Füllung:
Tiefkühlgemüse
Bauernart,
1 Becher Sauerrahm,
Salz,
Pfeffer,
Liebstöckel,
Knoblauchgranulat,
200 g Emmentaler
(gerieben)

außerdem:
⅛ l Milch,
Butterflöckchen zum
Backen

Von Gerlinde Königsperger,
Mindelheim

Aus den angegebenen Zutaten einen Pfannkuchenteig herstellen und dünne Pfannkuchen ausbacken.

Bauerngemüse in einer Pfanne anbraten, in einer Schüssel mit Sauerrahm, geriebenem Käse und den Gewürzen vermengen.

Die Pfannkuchen mit der Gemüsemasse füllen, zusammenrollen und in eine feuerfeste Form legen. Vor dem Backen mit der Milch aufgießen und mit den Butterflöckchen belegen. Nun 30 Minuten bei 200 Grad backen.

Die Pfannkuchen kann man auch morgens zubereiten. Milch und Butter erst kurz vor dem Backen zugeben.

Grünkern-Gemüsepfanne

Zutaten:
1 kleine Zwiebel,
1 Karotte,
1 kl. Lauch,
20 g Butter,
100 g Grünkern,
¼ l Brühe,
1 Bund Kräuter,
1 Fleischtomate,
100 g geriebener Käse,
etwas Salz,
Pfeffer,
(Sojasoße)

Zwiebel, Karotte und Lauch waschen, putzen und in Streifen schneiden (oder reiben). Grünkern in Butter mit dem Gemüse andünsten und mit der Brühe aufgießen, 20 Minuten garziehen lassen.

Die Kräuter und die Tomate waschen, putzen, zerkleinern und dazugeben. Den Käse ebenfalls untermengen, mit Salz, Pfeffer und je nach Belieben mit etwas Sojasoße abschmecken.

Von Heidi Sprenzel,
Burggen

Hirseauflauf

Zutaten:
250 g Hirse,
1 Zwiebel,
1 bis 2 Knoblauchzehen,
½ l Gemüsebrühe,
200 bis 300 g Tiefkühl-
Spinat oder Grünkohl,
4 Eier,
100 bis 150 g geriebener
Emmentaler,
Kräutersalz,
Pfeffer,
Paprika,
Petersilie

Zwiebelwürfelchen mit zerdrückter Knoblauch-
zehe in Öl dünsten, Hirse zugeben, mit Brühe
aufgießen und Tiefkühl-Spinat oder Tiefkühl-
Grünkohl im gefrorenen Zustand zufügen.
Aufkochen lassen und bei schwacher Hitze
20 Minuten zugedeckt garquellen lassen.
Die gegarte, etwas abgekühlte Hirse mit 4 Eigel-
ben und geriebenem Emmentaler verrühren, mit
Gewürzen und Kräutern abschmecken. Die
Eiweiße steif schlagen und unter den Hirsebrei
heben.
Die Masse in eine gefettete Auflaufform geben.
Den Hirseauflauf auf die mittlere Schiene des
kalten Backofens stellen und bei 200 Grad ca.
50 bis 60 Minuten backen.
Das passt dazu: Salate je nach Jahreszeit.

Von Ulrike Müller,
Rettenberg-Vorderburg

Nudelgerichte und -soßen

Nudelpfanne

Zutaten:
400 g Bandnudeln,
Salz,
2 EL Butter,
1 Zwiebel,
200 g Schinken oder
Wurst,
400 g Lauch,
200 g Champignons,
2 EL Olivenöl,
Petersilie,
300 g Sahne,
Pfeffer

Nudeln in reichlich Salzwasser bißfest kochen. Die Zwiebel in Butter glasig dünsten. Schinken, Lauch und Pilze dazugeben und dünsten bis die Flüssigkeit verdampft ist. Sahne dazugeben und etwa 5 Minuten köcheln lassen. Mit Salz, Pfeffer, Petersilie und Suppenwürze abschmecken.
Nudeln unter Soße mischen. Fertig.

Von Hannelore Kleß,
Wälder-Woringen

Bandnudeln mit Lachssoße

Zutaten:
500 g Bandnudeln,
300 g frischer Lachs
oder gefroren,
20 g Butter,
Salz,
Zitronensaft,
Pfeffer,
20 bis 30 g Mehl,
1 Becher Sahne,
Weißwein

Lachs mit Zitronensaft beträufeln; Lachs in Würfel schneiden und in Butter leicht andünsten, Gewürze dazugeben, dann mit Mehl stauben und mit Sahne ablöschen. Abschmecken mit etwas Weißwein. Ca. 10 Minuten bei geringer Temperatur dünsten lassen.

Zwischenzeitlich Nudeln abkochen und beides dann servieren. Dazu Salat reichen!

Ein rasches Rezept, das in ca. ½ Stunde zubereitete ist.

Guten Appetit!

Von Stefanie Herz,
Ermengerst-Wiggensbach

Bandnudeln
in Schinken-Sahne-Soße

Zutaten:
2 Stangen Lauch,
200 g gekochter
Schinken,
250 g Bandnudeln,
30 g Butter oder
Margarine,
30 g Mehl,
5 EL Schlagsahne,
3 TL Gemüsebrühe,
1 bis 2 TL Senf,
Salz, Pfeffer

Lauch putzen, waschen und in Ringe schneiden. Schinken würfeln. Nudeln in reichlich kochendem Salzwasser garen. Lauchringe nach etwa 7 Minuten zufügen und mitgaren. Fett erhitzen. Mehl darin goldgelb anschwitzen. Mit ½ l Wasser und Sahne ablöschen, Brühe einrühren und aufkochen. Soße mit Senf, Salz und Pfeffer abschmecken. Nudeln mit Lauch abtropfen lassen. Mit der Soße anrichten und mit Pfeffer bestreuen. Eventuell mit Kräutern anrichten.

Von Daniela Beyrer,
See-Sulzberg

Allgäuer Nudelgratin

Zutaten:
250 g grüne Bandnudeln (Rohgewicht),
2 große Zwiebeln (150 g),
1 Knoblauchzehe,
2 EL Butter (25 g),
375 g gemischtes Hackfleisch,
schwarzer Pfeffer,
Salz,
Muskat,
1 großes Döschen Tomatenmark (140 g),
125 ml trockener Rotwein,
1 Lorbeerblatt,
1 TL Kräuter der Provence,
Butter für die Form,
100 g Allgäuer Emmentaler,
getrockneter Majoran

Von Luise Bischof, Biessenhofen

Die Nudeln in reichlich kochendes Salzwasser geben und nach Packungsvorschrift garen. Die Zwiebeln inzwischen sehr fein würfeln und die Knoblauchzehe hacken. Butter in einer Pfanne erhitzen und die Zwiebeln sowie den Knoblauch darin andünsten, bis die Zwiebelwürfel glasig sind. Das Hackfleisch zufügen und unter Wenden scharf anbraten. Mit Pfeffer, Salz und Muskat würzen, dann das Tomatenmark untermischen. Mit Rotwein angießen, das Lorbeerblatt und die Kräuter der Provence dazugeben und alles zugedeckt etwa 10 Minuten köcheln lassen. Dabei gelegentlich durchrühren. Die Nudeln gut abtropfen lassen und in eine gebutterte Auflaufform geben. Die Hackfleischmischung darauf verteilen (vorher das Lorbeerblatt entfernen), den Emmentaler grob raspeln und darübergeben und das Ganze mit reichlich Majoran würzen. Im vorgeheizten Backofen bei 200 Grad (Stufe 3) überbacken, bis der Käse schmilzt. Pro Person etwa (bei 4 Portionen) 35,2 g Eiweiß, 33,8 g Fett, 49,9 g Kohlenhydrate (4,2 BE), 663 kcal (2774 kJ).

Tortellini

Zutaten:
500 g Tortellini,
1 Becher Sahne,
1 Zwiebel feingeschnitten,
250 g Champignons aus
der Dose,
Salz,
Pfeffer,
Instant helle Soße oder
Speisestärke,
100 g geriebener Käse
(Emmentaler, Bergkäse)

Nudeln in Salzwasser kochen, abtropfen lassen und in gebutterte Auflaufform geben.

Herstellung der Soße: Sahne mit Zwiebeln, Champignons, Salz und Pfeffer 5 Minuten kochen, Soßenpulver oder Stärkemehl zugeben, bis die Soße dicklich wird. Dann die Soße auf die Nudeln geben und durchmischen. Nun wird der Käse darübergestreut. Im vorgeheizten Backofen werden die Tortellini nun 20 Minuten bei 200 Grad gebacken.

Als Beilage am besten grüner Salat.

Von Ursula Endres,
Bad Grönenbach

Nudelpizza

Zutaten:
500 g Spaghetti
(gekocht),
2 Eier,
Salz,
Pfeffer,
Paprika,
gemischte Kräuter,
70 g Tomatenmark,
200 g frische
Champignons,
1 Zwiebel,
100 g Salami,
1 Fleischtomate,
½ bis 1 Päckchen
Chester oder Toastkäse

Eier verquirlen, würzen und mit den Spaghetti vermischen. Die Nudelmasse in eine mit Butter gefettete Auflaufform geben, mit Tomatenmark bestreichen, pfeffern und mit Kräutern bestreuen. Die Käsescheiben in Dreiecke schneiden und rund die Hälfte auf die Nudeln verteilen. Champignons und Zwiebeln in dünne Scheiben schneiden. Salami würfeln oder in halbe Scheiben schneiden und die Tomate würfeln. Alles gemischt über die Nudeln verteilen und mit den restlichen Käsedreiecken belegen. Bei 200 bis 220 Grad ca. 20 Minuten auf der Mittelschiene backen.
Zum Verfeinern oder besserem Überbacken kann das Ganze noch mit Mozzarella belegt werden.

Von Anna Rapp,
Marktoberdorf

Gnocchi pomodoro

Zutaten:
1 Packung Gnocchi
(Kühltheke),
1 Packung passierte
Tomaten,
1 Knoblauchzehe,
1 Packung Mozzarella,
ital. Würzkräuter,
Kräutersalz,
Pfeffer,
Spaghettigewürz,
Fett,
etwas Crème fraîche

Zerdrückte Knoblauchzehe in etwas Fett andünsten und die Tomaten dazugeben. Mit Gewürzen und Crème fraîche abschmecken und ca. 10 Minuten köcheln lassen. Gnocchis in eine Auflaufform füllen und die Tomatensoße dazugeben. Mozzarella in Scheiben schneiden und auf dem ganzen verteilen. Im vorgeheizten Backofen bei ca. 175 Grad überbacken, bis der Käse schön zerlaufen und leicht angebräunt ist.

Paßt dazu: Grüner Salat oder italienischer Salat.

Ist einfach und schnell zuzubereiten.

Von Susanne Martin,
Tiefenbach-Sonthofen

Spinatspätzle-Auflauf

Zutaten:
150 g Tiefkühl-Spinat,
250 g Mehl,
2 Eier,
1 TL Salz,

Soße:
2 Zwiebeln,
250 Champignons,
20 g Butter,
150 g Crème fraîche,
Salz,
weißer Pfeffer,
geriebener Muskat,
150 g Bergkäse

Spinat unaufgetaut mit 3 EL Wasser in einen Topf geben und bei schwacher Hitze auftauen lassen. Mehl, Eier, Salz, 6 EL Wasser und abgekühlten Spinat in eine Schüssel geben und zu einem geschmeidigen Teig verarbeiten. Den Teig mit dem Spätzlehobel in kochendes Salzwasser hobeln. Spätzle kurz aufkochen lassen.

Mit einer Schaumkelle herausnehmen und in eine Auflaufform geben.

Für die Soße: Zwiebeln fein würfeln, Champignons putzen und blättrig schneiden. Fett in einer Pfanne erhitzen, Zwiebeln und Champignons zufügen und ca. 5 Minuten dünsten. Crème fraîche unterrühren und alles mit Salz, Pfeffer und Muskat abschmecken. Champignonsoße über die Spinatspätzle gießen und den geriebenen Käse darüberstreuen. Im vorgeheizten Backofen (Elektroherd 200 Grad, Gas Stufe 3) 10 Minuten goldbraun überbacken.

Von Christiane Rasch,
Krebs-Oberstaufen

Lasagne alla carbonara

Zutaten:
500 g Champignons,
1 Zwiebel,
1 Knoblauchzehe,
1 bis 2 EL Öl,
Salz,
weißer Pfeffer,
400 g Schmand oder
Crème fraîche,
7 Eier,
75 g geriebener Parmesan,
9 Lasagneplatten,
300 g gekochter
Schinken,
2 EL Paniermehl,
20 g Butter

Champignons putzen, waschen, in Scheiben schneiden. Zwiebel und Knoblauch schälen und fein schneiden. Öl erhitzen. Zwiebel und Knoblauch darin andünsten, Pilze zufügen und kurz mitbraten. Mit Salz und Pfeffer kräftig würzen. Schmand, Eier und 50 g geriebenen Parmesan verrühren, würzen.

Etwas davon in eine gefettete Auflaufform geben. Dann Lasagneplatten, Erbsen, Pilze, gekochten Schinken und Eier-Schmand abwechselnd einschichten. Mit Lasagneplatten und Eier-Schmand abschließen. Paniermehl und 25 g Parmesan darüberstreuen. Lasagne im vorgeheizten Backofen bei 175 Grad ca. 45 Minuten backen. 15 Minuten vor Ende der Backzeit die Butter in Flöckchen darauf verteilen.

Neue Idee für Lasagne. Ein schnelles Rezept.

Von Sieglinde Weinhardt,
Markt Rettenbach

Bunte Spätzle-/Nudel-Pfanne

Zutaten:
1 große Zwiebel,
je 1 große rote, gelbe und
grüne Paprikaschote,
1 EL Butter,
150 g Salami,
250 g Leberkäse oder
Schinken,
250 g Nudeln oder
2 bis 3 Tassen gekochte
Spätzle,
Salz,
Pfeffer,
gehackte Petersilie

Alle Paprikaschoten in Streifen schneiden. Die Zwiebel würfeln. Butter in der Pfanne erhitzen, Paprika und Zwiebel unter häufigem Wenden 5 Minuten dünsten. Wurst in Streifen schneiden, in die Pfanne geben und vermischen. Gekochte Nudeln oder Spätzle zugeben und gut vermischen. Mit Salz und Pfeffer abschmecken, mit der gehackten Petersilie garnieren.

Von Gaby Fleschutz,
Wohlmuts-Probstried

Überbackene Spaghetti

Zutaten:
350 g Spaghetti,
100 g durchwachsener Speck,
2 große Zwiebeln,
100 g gekochter Schinken,
500 g geschälte Tomaten (Dose),
500 g Champignons (Dose),
Salz,
Pfeffer,
½ TL Basilikum,
1 EL Zitronensaft,
1 EL gehackte Petersilie,
5 EL geriebener Käse

Spaghetti in reichlich Salzwasser kochen. Sie müssen noch Biß haben. Inzwischen den Speck in Würfel schneiden und in einer Pfanne anbraten, die feingehackten Zwiebeln goldgelb rösten. Den gekochten Schinken in schmale Streifen schneiden und mit den zerkleinerten Tomaten, dem Saft aus der Dose und den abgetropften Champignons zu dem Speck in die Pfanne geben. Die Soße mit Salz, Pfeffer, Basilikum und Zitronensaft würzen und 10 Minuten bei schwacher Hitze kochen. Die Spaghetti mit der Soße mischen und in eine feuerfeste Form füllen. Mit gehackter Petersilie und geriebenem Käse bestreuen und im Backofen überbacken.
Es geht schnell und schmeckt der ganzen Familie.

Von S. Staub,
Moosbach

Nudelauflauf

Zutaten:
ca. 250 g Nudeln,
150 bis 200 g geriebener
Käse,
gedünstete Karotten
oder ca. 3 Tomaten,
1 Ei,
Pfeffer,
Paprika,
Suppengewürz,
1 Becher Sahne,
ca. 100 bis 200 g Salami
oder Schinken, auch
andere Aufschnittwurst

Nudeln kochen, es können gekochte Nudeln vom Vortag mit verwendet werden. Käse reiben, Wurst in kleine Würfel oder Streifen schneiden. Tomaten klein schneiden, statt Tomaten kann auch gedünstetes Gemüse vom Vortag verwendet werden, z.B. Blumenkohl, Karotten. In eine Auflaufform eine Schicht Nudeln verteilen, darauf eine Schicht Käse, Wurstwürfel und Gemüse z.B. Tomaten vermischt darüber verteilen. Nochmals mit Nudeln darübergeben, nun die zweite Hälfte der Wurst-Käse-Gemüse-Mischung daraufgeben und mit Nudeln abdecken. Sahne mit Ei, Gewürzen vermischen, dann über die Nudeln verteilen.
Im Backofen bei ca. 160 Grad, Elektroherd, 30 Minuten backen.

Von M. Schwenk,
Leutkirch,
und von
Brigitte E. Heim,
Enisried-Lengenwang

Nudelauflauf

Zutaten:
400 g gemischtes Hackfleisch,
400 g Bandnudeln,
2 EL Öl,
1 Knoblauchzehe,
1 Dose Tomaten,
1 Dose Champignons,
Salz,
Pfeffer,
¼ l saure Sahne,
1 Packung geriebener Käse

Die Nudeln im Salzwasser nicht ganz garkochen. Das Hackfleisch mit der geh. Knoblauchzehe, etwas Salz und Pfeffer anbraten. Die abgetropften Tomaten zugeben und alles 5 Minuten durchkochen. In eine mit Öl ausgeriebene Auflaufform zuerst die Hälfte der Nudeln, dann das Hackfleisch und die abgetropften Pilze und zum Schluß die restlichen Nudeln einschichten. Die Sahne mit dem geriebenen Käse verrühren und über den Auflauf gießen.
Im Backofen bei 175 Grad ca. 35 Minuten überbacken.

Von Irmgard Mayer,
Gumpratsried-Ottobeuren,
und von
Martha Köchele,
Volkratshofen

Italienisches Nudelgericht

Zutaten:
250 g grüne Nudeln,
2 EL Öl,
30 g Räucherspeck,
2 Zwiebeln,
250 g Hackfleisch,
1 EL Mehl,
1 Döschen Tomatenmark,
Salz,
Pfeffer,
Thymian,
¼ l Brühe,
3 EL Rahm,
250 g Gouda oder
Emmentaler,
⅛ l Rahm,
2 EL geriebener Hartkäse

Nudeln in reichlich Salzwasser kochen. Kleingewürfelten Speck und Zwiebeln in Öl glasig dünsten. Hackfleisch dazugeben, mit Mehl stauben und das Ganze etwas anrösten. Tomatenmark und Gewürze zugeben und kurz durchdünsten. Mit der Brühe aufgießen und durchkochen lassen; abschmecken und mit Rahm verfeinern. Den Emmentaler oder Gouda in kleine Würfel schneiden. Nudeln und Käse mischen und lagenweise mit Hackfleischsoße in eine gefettete Auflaufform geben. Rahm darübergeben und das Ganze bei 200 Grad 20 Minuten backen.
Zum Schluß geriebenen Käse über das Gericht streuen und nochmals kurz überbacken.

Von Wally Merk,
Markt Rettenbach,
Frechenrieden

Bandnudeln mit Spinat

Zutaten:
375 g Bandnudeln,
Salz,
2 Zwiebeln,
1 Knoblauchzehe,
175 g Räucherspeck,
300 g Tiefkühl-Spinat,
¼ l saure Sahne,
1 gehäufter TL
Speisestärke,
Muskat,
Worcestersoße,
200 g Schweizer Käse

Bandnudeln 6 bis 8 Minuten in reichlich Salzwasser kochen, abgießen, kalt überbrausen, gut abtropfen lassen, in eine feuerfeste Form geben. Zwiebeln und Knoblauchzehe schälen und fein hacken. Speck würfeln, glasig auslassen, Zwiebeln und Knoblauch darin gelb dünsten, den Spinat und ⅓ Tasse Wasser zugeben. Etwa 10 Minuten auf kleiner Flamme auftauen lassen. Die Sahne mit Speisestärke verquirlen, zum Spinat rühren und aufkochen. Mit Salz, Muskat und Worcestersoße abschmecken, über die Nudeln geben, dünne Käsescheiben darauflegen. Etwa 10 Minuten bei 200 Grad überbacken.
Geht sehr schnell.

Von Renate Keller,
Lobach-Seeg

Broccoli-Sahne-Nudeln

Zutaten:
350 g Nudeln
(Sorte: Penne)
1 Strunk Broccoli
(oder anderes Gemüse),
300 g Schinken
gewürfelt,
75 g Butter,
3 EL Mehl,
¼ bis ½ l Milch
oder Sahne

Nudeln weich kochen, Broccoli weich kochen, Butter schmelzen, Mehl zugeben, gut verrühren. Langsam Milch unterrühren, aufkochen lassen. Sollte gut sämig sein. Mit Salz, Pfeffer, Muskat und eventuell etwas Suppenpulver abschmecken. Dann Nudeln, Broccoli und Schinken unterheben, dass alles mit der Soße überzogen ist. Fertig.

Ich koche es deshalb gerne, weil es sehr schnell geht. Man kann es mit vielerlei Gemüse machen, was gerade greifbar ist. Auch anstatt Schinken kann man gut angebratene Putenstreifen oder Kalb- oder Schweinefleischstreifen nehmen oder ganz vegetarisch.

Unsere Kinder sind immer ganz scharf darauf.

Von Claudia Pfanner,
Aitzenreute-Scheidegg

Schinken-Broccolisoße

Zutaten:
300 g Broccoli,
1 Becher Schlagrahm,
½ Packung passierte
Tomaten,
200 g gekochter
Schinken,
½ Würfel klare Suppe,
100 g geriebener Käse,
Salz,
Pfeffer,
350 g Penne Nudeln

Broccoli im Salzwasser ca. 10 bis 15 Minuten kochen. Nudeln nach Vorschrift kochen. Schlagrahm, passierte Tomaten, Schinken gewürfelt und Suppenwürfel in einem Topf 10 Minuten köcheln lassen. Zum Schluß Salz, Pfeffer und den geriebenen Käse unterrühren. Broccoli in Röschen verteilen und unter die Soße heben. Die Nudeln in vorgewärmten Tellern mit der Soße servieren.

Von Marianne Mösle,
Überbach-Dietmannsried

Schinken-Sahne-Soße

Zutaten:
1 Becher Sahne,
1 B. Schmelzkäse,
200 g Schinken,
Salz, Pfeffer,
Paprika, Petersilie

Sahne und Schmelzkäse im Topf erwärmen, nicht kochen, bis der Käse geschmolzen ist. Schinken in Würfel schneiden und zur Sahne-Käse-Soße geben, mit Salz und Pfeffer und Paprika würzen. Tortellini weichkochen, abschrecken und mit Soße vermischen. Mit gehackter Petersilie bestreuen und servieren.

Von Andrea Fischer,
Illertissen-Jedesheim

Bolonaise für Spaghetti

Zutaten:
500 g Hackfleisch,
1 Zwiebel,
1 rote Paprika,
1 Tomate,
etwas Ketchup,
1 Brühwürfel,
1 Becher Sahne,
½ l Wasser,
Salz, Pfeffer, Paprika

Von Evi Rauh,
Probstried

Zwiebel, Paprika, Tomaten anbraten, Hackfleisch und Ketchup zugeben. Mit Wasser aufgießen, Brühwürfel zugeben und das Ganze ca. 20 Minuten köcheln lassen, dann Sahne hineinrühren und abschmecken. Zum Schluß die Soße noch etwas binden.

Man kann die Soße für Spaghetti, Makkaroni oder auch Tortellini verwenden.

Käsesauce

Zutaten:
1 Bd. Frühlingszwiebeln,
50 g Butter,
⅛ l Sahne,
100 g Crème fraîche,
200 g Edelpilzkäse,
Salz,
Pfeffer,
2 Zweige Basilikum

Von Sandra Holderied,
Leiterberg-Betzigau

Frühlingszwiebeln in Röllchen schneiden. Butter bei mittlerer Hitze aufschäumen, Zwiebelröllchen golden anschwitzen. Mit Schlagsahne ablöschen, restl. Sahne und Crème fraîche auffüllen, erhitzen. Edelpilzkäse zerbröckeln, in Sahnesauce bei schwacher Hitze schmelzen. Bandnudeln bißfest kochen, auf vorgewärmten Tellern mit der Käsesauce anrichten. Mit Basilikum garnieren.

Das ist das Lieblingsgericht meines Mannes!

Spaghetti in Käsecreme

Zutaten:
1 Stange Lauch,
300 g Spaghetti,
Salz,
1 Tl Butter,
$^3/_8$ l Milch,
100 g Gorgonzola-Käse,
100 g Mascarpone,
1 EL heller Soßenbinder,
Pfeffer

Lauch putzen, weißes Ende fein würfeln, grünen Teil in feine Streifen schneiden. Spaghetti in reichlich kochendem Salzwasser 10 bis 12 Minuten garen. Grünen Lauch ca. 5 Minuten bei den Nudeln mitgaren. Butter in einem Topf erhitzen und den weißen Lauch darin andünsten. Mit der Milch ablöschen. Gorgonzola würfeln und mit Mascarpone in der Milch schmelzen. Soßenbinder unter Rühren einstreuen, aufkochen lassen. Mit Salz und Pfeffer abschmecken. Nudeln und Lauch abtropfen lassen, auf einer Platte anrichten und die Käsesoße darüber geben.

Von Marita Gehring,
Sonthofen-Hinang

Broccoli-Schmand-Soße

Zutaten:
500 g Broccoli,
400 ml Gemüsebrühe,
1 Zwiebel,
200 g gekochter
Schinken,
1 EL Butter,
150 g Schmand,
5 EL heller Soßenbinder,
Salz,
Pfeffer,
abgeriebene Muskatnuss

Broccoli putzen, in kleine Röschen teilen und in der Gemüsebrühe ca. 5 Minuten zugedeckt dünsten. 400 g Makkaroni ca. 8 bis 10 Minuten kochen. Zwiebel fein würfeln, Schinken in Streifen schneiden. Broccoli in ein Sieb gießen, die Gemüsebrühe dabei auffangen.

Fett in einem Topf erhitzen, Zwiebel und Schinken darin andünsten, mit der aufgefangenen Brühe ablöschen und aufkochen. Schmand und Soßenbinder zugeben, nochmals aufkochen lassen. Broccoli zugeben und mit Salz, Pfeffer und Muskat abschmecken, anschließend die gekochten Makkaroni zugeben, nochmals umrühren und dann servieren.

Von Irina Fleschutz,
Dietmannsried-Überbach

Lachssauce

Zutaten:
1 Zwiebel,
1 Knoblauchzehe,
1 EL Öl,
200 ml Sahne,
100 ml Milch,
1 Becher Crème fraîche,
150 g Räucherlachs,
Salz,
Zitronensaft,
Schnittlauch

Fein gehackte Zwiebel und Knoblauchzehe in Öl andünsten. Sahne und Milch dazugießen, leicht einkochen lassen.

Soße mit Crème fraîche verfeinern und mit Salz und Zitronensaft abschmecken.

Räucherlachs in Streifen schneiden und unter die Soße mengen. Nudeln portionsweise auf Teller anrichten, mit Lachssauce übergießen. Schnittlauch fein geschnitten zum Garnieren verwenden.

Gutes Gelingen!
Nudeln machen glücklich.

Von Helga Stransky,
Biessenhofen

Lachs-Sahne-Nudeln

Zutaten:
1 Stange Lauch,
2 bis 3 Karotten,
½ l Weißwein,
2 Becher Sahne,
500 g Lachsfilet,
500 g Bandnudeln,
Salz, Pfeffer

Lauch, Karotten waschen, putzen, in feine Würfel schneiden. In Butter Lauch und Karotten andünsten, mit Weißwein ablöschen. Leicht köcheln lassen (geschlossener Topf) bis das Gemüse weich ist.

Bandnudeln kochen. Lachs in mundgerechte Stücke schneiden. 2 Becher Sahne zum Gemüse geben und Lachsstücke drauflegen, ca. 6 Minuten köcheln lassen, bis der Lachs hellrosa ist. Mit Salz und Pfeffer abschmecken. Zubereitungszeit ca. 40 Minuten.

Von Gabi Hörburger,
Dietmannsried

Würstchensoße

Zutaten:
1 Zwiebel,
3 Knoblauchzehen,
2 EL Olivenöl,
300 g frische, grobe
Schweinswürstchen,
1 kleine Dose geschälte
Tomaten,
1 EL Tomatenmark,
Salz,
Pfeffer,
1 TL Oregano

Für die Würstchensauce Zwiebel und Knoblauch fein hacken, in heißem Öl in einem flachen Topf andünsten. Die Würstchenmasse aus dem Darm hineindrücken und mitbraten. Sobald sie krümelig geworden ist, Tomaten samt Saft und Tomatenmark zufügen. Mit Salz, Pfeffer und Oregano würzen. Zugedeckt 30 Minuten köcheln lassen.

Mit Nudeln und frisch geriebenem Käse servieren.

Von Reinhilde Zaiser,
Oy-Mittelberg

Fischgerichte

Forelle blau

Zutaten:
Sud:
ca. 2 l Wasser,
Salz,
Essig,
Zucker (süß-sauer),
1 Zwiebel in Ringen,
2 bis 3 Scheiben Zitronen

Wasser, Salz, Essig, Zucker, Zwiebel und Zitrone zusammen aufkochen. Forelle nur waschen und ausspülen. (Aber nicht mit der Hand schruppen.) Forellen rundbiegen und in den kochenden Sud legen, nur noch ca. 20 Minuten ziehen lassen. (Wenn sich die Rückenflosse leicht herausziehen lässt, ist sie gar.)
Mit Salzkartoffeln, Petersilie und Zitronenscheiben garnieren.

Von Anita Ruf,
Hohenreuten

Topinambur überbacken

Zutaten:
500 g Topinambur,
1 Bund Frühlingszwiebeln
oder etwas Lauch,
1 kleine Zwiebel,
250 g Räucherlachs oder
Lachsfilet,
1 Ei,
1 Eigelb,
125 g Schlagsahne,
1 EL Crème fraîche,
Salz,
Pfeffer,
Paprika,
1 Bund gehackte
Petersilie,
2 EL Butter

Die Topinambur in Salzwasser kochen, danach abgießen und abtropfen lassen, schälen und in Scheiben schneiden. Die Frühlingszwiebeln putzen, waschen und in Ringe schneiden. Die kleine Zwiebel ebenfalls in Ringe schneiden. Den Räucherlachs gut würzen und in kleine Streifen oder Würfel schneiden. Das Ei und Eigelb mit der Sahne, Crème fraîche, Salz, Pfeffer und der frisch gehackten Petersilie verquirlen.

Die Topinamburscheiben schuppenförmig in eine gebutterte, feuerfeste Form schichten, mit Lachs, Zwiebeln und Frühlingszwiebeln bzw. Lauch bestreuen und die Eiersahne darübergießen. Im vorgeheizten Ofen bei 200 Grad ca. 30 Minuten überbacken.

Statt Topinambur kann man dieses Gericht auch mit gekochten Kartoffeln zubereiten. Topinambur (Erdartischocke) können wie Pellkartoffeln gegart werden.

Von Johanna Scholz,
Krottenhill/Ingenried

Man kann die Knollen auch braten oder als Gemüse dünsten sowie als Rohkost zubereiten. Topinambur sind meist im Reformhaus erhältlich.

Forelle in Alufolie

Zutaten:
1 Forelle ca. 300 g,
Salz,
Pfeffer,
1 EL gehackte Zwiebeln,
2 EL Champignons in
Scheiben (aus der Dose
oder frisch),
1 EL Butter,
½ TL Petersilie,
¼ Becher Sahne

Forelle waschen, trockentupfen und auf Alufolie legen, salzen und pfeffern.

Zwiebeln, Champignons, Petersilie und Butter in Flocken auf den Fisch geben, danach mit Sahne übergießen und Alufolie fest verschließen.

Im Backofen bei 200 Grad ca. 30 Minuten garen.

Man reiche dazu Petersilien-Kartoffeln.

Von Gisela Längst,
Markt Rettenbach

Mein bestes Fischrezept

Zutaten:
4 Seelachshälften (Filet),
Zitronensaft,
Salz,
Pfeffer,
100 g gekochtes
Wammerl,
2 Zwiebeln,
3 Essiggurken,
2 TL Senf,
250 g Crème fraîche,
geriebener Käse

Zwiebel würfeln, andünsten, Wammerl klein-schneiden, dazugeben, anbraten – kalt stellen. Essiggurken würfeln, mit Senf und Crème fraîche verrühren, Zwiebeln und Wammerl dazu-rühren, Fisch in die Auflaufform legen, salzen, pfeffern, säuern, Crème-fraîche-Masse über den Fisch geben. Mit geriebenem Käse bestreu-en. 30 Minuten bei 200 Grad backen.

Von Margit Schalk,
Sontheim

Seelachsfilet in pikanter Soße

Zutaten:
750 g Seelachsfilet,
3 EL Zitronensaft,
Salz,
Mehl

für die Soße:
20 g Butterschmalz,
1 Zwiebel,
1 rote Paprika,
2 Essiggurken,
2 TL Senf,
1 Becher Crème fraîche,
1 EL Stärke,
125 ml Wasser,
weißer Pfeffer,
Salz

Seelachsfilet säubern, unter fließendem Wasser abspülen, trockentupfen, mit Zitronensaft beträufeln, etwa 30 Minuten stehen lassen. Für die Soße die Zwiebel, Paprika und Essiggurken in kleine Würfel schneiden. Butterschmalz erhitzen, Zwiebeln darin glasig dünsten, die Paprika zugeben und kurz mitdünsten. Essiggurken, Senf und Crème fraîche unterrühren. 1 gestrichenen EL Stärke mit dem Wasser glatt rühren, die Soße damit binden, mit Salz und Pfeffer abschmecken. Warm stellen.
Die Seelachsfilets salzen, mit Mehl bestäuben und im heißen Fett von beiden Seiten braten. Fischfilets mit Soße und Salzkartoffeln servieren.

Von Andrea Brey,
Pfaffenwinkel-Memmingen

Fisch mit Kräuterrahm

Zutaten:
1 Packung Fischfilet,
1 Zitrone,
1 TL Salz,
1 TL Pfeffer,
3 EL Sauerrahm,
2 EL Kräuter,
½ TL Aromat/Fondor,
2 Scheiben Schinken

Das Fischfilet mit Zitronensaft beträufeln und mit Salz und Pfeffer würzen. Den Sauerrahm mit den Kräutern vermischen und abschmecken mit Aromat. Je 1 TL Kräuterrahm auf den Fischfilets verteilen, mit dem Schinken belegen und restlichen Kräuterrahm darübergeben. Den Fisch in Alufolie einpacken und im Backofen bei 200 Grad ca. 30 Minuten garen. Vor dem Servieren Alufolie entfernen. Als Beilage empfehle ich Salzkartoffeln.

Von Sonja Hauser,
Wengen

Thunfisch-Lasagne

Zutaten:
Butter zum Einfetten,
175 g Lasagneplatten,
1 in Scheiben
geschnittene Tomate,
200 g geriebener
Emmentaler

für die Soße:
50 g Butter,
1 feingeschnittene
Zwiebel,
50 g Mehl,
400 ml Milch,
Salz,
½ kleine Flasche
Salsa-Soße (250 ml),
400 g abgetropfter und
fein zerteilter Thunfisch
aus der Dose (ohne Öl)

Den Ofen auf 180 Grad vorheizen. Die Zwiebel in heißer Butter goldbraun dünsten. Mehl darüber stäuben und unter Rühren ca. 2 Minuten köcheln lassen. Den Topf von der Kochstelle ziehen, die Milch einrühren, Salz zufügen und nochmals aufkochen. Zuletzt Salsa-Soße und Thunfisch unter die Soße mischen und weitere 2 Minuten kochen lassen.

Auflaufform mit Butter ausfetten. Zuerst eine Schicht Thunfischmasse hineingeben, Lasagneplatten darüber decken, wieder Thunfischmasse daraufstreichen. So fortfahren, bis alle Zutaten verbraucht sind.

Zuletzt den Käse über die Lasagne streuen, mit Tomatenscheiben dekorieren, mit Alufolie abdecken und in den Ofen schieben. Nach ca. 25 Minuten die Folie abnehmen und 15 bis 20 Minuten weiterbacken lassen.

Dieses Gericht kann gut vorbereitet werden und ohne Schwierigkeiten im Ofen wieder aufgewärmt werden. Die Lasagne lässt sich auch gut einfrieren.

Von Christa Bräu,
Schönberg

Seefisch auf Gemüse

Zutaten:
400 g Seefischfilet,
30 g Butter,
1 Stange Lauch,
2 bis 3 Karotten,
3 EL Zitronensaft,
100 g Sahne,
$\frac{1}{8}$ l Weißwein,
2 TL Mehl,
1 EL frische Petersilie,
Dill,
Basilikum,
Salz,
Pfeffer,
Paprika edelsüß

Die Butter schmelzen, das kleingeschnittene Gemüse zugedeckt darin andünsten. Den Fisch waschen, trockentupfen, säuren und mit Salz und Pfeffer würzen. Die Sahne mit den Gewürzen, dem Mehl und dem Wein verrühren und zum Gemüse dazugeben. Den Fisch bei schwacher Hitze 20 Minuten in der Soße garen.
Mit den frischen Kräutern abschmecken.
Als Beilagen passen gut Kartoffelbrei oder Reis.

Von Josy Rösch,
Köngetried

Fischpfanne

Zutaten:
600 g Fischfilet,
Zitronensaft,
Salz,
1 Zwiebel,
1 Zucchini,
1 Karotte,
½ Gurke
1 Paprika (grün, gelb, rot),
1 Dose Tomaten,
1 Dose Pilze (nach Belieben),
Öl,
½ l Brühe,
½ Becher Sahne,
Salz, Pfeffer, Zucker,
Paprika,
Knoblauch, Petersilie,
Brühe oder Wasser,
Tomatenmark, Sahne

Das Fischfilet mit Zitronensaft säuren, salzen und zugedeckt 30 Minuten im Kühlschrank stehen lassen. Währenddessen Zwiebel, Zucchini, Karotte, Gurke und Paprika klein schneiden (Würfel oder Streifen). Die klein geschnittene Zwiebel in einer Pfanne mit Öl leicht anrösten und das Gemüse zugeben und nochmals kurz durchrösten. Nun die Dose Tomaten und das Fischfilet zugeben, mit der Brühe aufgießen, würzen und bei geschlossenem Deckel ca. 30 Minuten bei mäßiger Hitze weiterdünsten. Vor dem Anrichten etwas Sahne und nach Belieben Pilze zugeben und abschmecken.

Als Beilage kann Reis, Salzkartoffeln, Röstkartoffeln oder Nudeln gereicht werden.

Von Ursula Mayer,
Gumpratsried

Gebackenes Lachsfilet
mit Gorgonzola

Zutaten:
4 Lachsfilet,
1 kleine Stange Lauch,
3 Karotten,
1 kleine Zucchini,
Kräuter (Petersilie,
Schnittlauch),
1 bis 2 EL Weißwein,
Zitronensaft,
Salz,
Pfeffer,
200 g Gorgonzola

Filet waschen, trockentupfen und mit Zitrone beträufeln. Das Gemüse waschen, schälen und kleinschneiden, mit den Kräutern mischen und würzen.

4 große Stücke Alufolie mit Butter bepinseln und das Gemüse darauf verteilen. Den Weißwein darübergeben und das Filet auf das Gemüse. Zum Schluß den Käse in 4 Scheiben schneiden und auf den Fisch geben.

Nun alle 4 Seiten der Folie nach oben ziehen und ganz gut verschließen.

Den Backofen vorheizen und bei Ober- und Unterhitze auf 200 Grad 30 Minuten backen.

Dazu passen Butterkartoffeln oder frisches Baguette.

Der Fisch schmeckt sehr gut und braucht nicht viel Arbeit!

Von Gisela Meichelböck,
Bidingen

Matjesfilet „Hausfrauenart"

Zutaten:
8 Matjesfilets,
3 Zwiebeln,
2 säuerliche Äpfel,
3 Gewürzgurken,
¼ l saure Sahne,
3 EL Mayonnaise,
Saft einer Zitrone,
Salz, Pfeffer,
Petersilie und
Dill-Garnitur

Saure Sahne mit Mayonnaise und Zitronensaft verrühren. Mit Salz, Pfeffer und etwas Gurkenwasser abschmecken. Zwiebel und Äpfel schälen. Zwiebel in Ringe schneiden. Äpfel vierteln, entkernen und in dünne Scheiben schneiden. Gurken in Scheiben oder Stifte schneiden. Alles in die saure Sahne mit Mayonnaise unterrühren. Die Marinade über die Matjesfilets gießen. Mindestens 3 bis 4 Stunden im Kühlschrank durchziehen lassen. Mit Pellkartoffeln servieren. PS: Am besten schmecken die Matjes, wenn sie 1 bis 2 Tage in der Marinade durchziehen.

Von Ursel Zaiser,
Oy-Mittelberg

Lachsauflauf

Zutaten:
300 g Lachs,
5 Blätterteigplatten,
400 g Blumenkohl,
200 g Emmentaler
gerieben,
3 Eier,
150 g Sahne,
Salz, Pfeffer

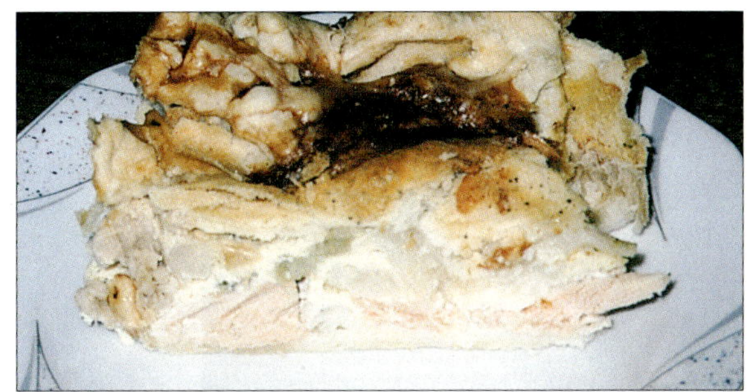

Blätterteigplatten aufgetaut in Auflaufform auslegen; darauf den Lachs verteilen. In Salzwasser den Blumenkohl und Brokkoli ca. 5 bis 7 Minuten aufkochen, erkaltet auf dem Lachs verteilen. Eier, Sahne, Salz und Pfeffer in Schüttelbecher geben und gut vermischen und verteilen. Zum Schluss der Käse obendrauf.
Bei 160 Grad ca. 45 Minuten backen. Fertig!
Salat dazu reichen!
Man kann auch eine geschnittene Teigplatte (in Streifen) oben auflegen!

Von Stefanie Herz,
Ermengerst-Wiggensbach

Seefischfilet
nach italienischer Art

Zutaten:
400 g Seefischfilet
(frisch oder gefrohren)
Zitronensaft,
Salz,
Pfeffer,
30 g Reibkäse,
5 EL Quark,
2 EL Petersilie
feingehackt,
3 EL Tomatenmark,
Salz, Pfeffer,
Oregano,
Basilikum,
Majoran,
Butter für die Form,
4 EL Weißwein,
50 g Reibkäse

Von Alexandra Kobold,
Geisenried

Fischfilet mit Zitronen beträufeln und mit Salz und Pfeffer würzen. Reibkäse mit Quark, Petersilie und Tomatenmark verrühren und mit Gewürzen abschmecken. Auflaufform ausfetten und Fischfilets hineinlegen. Darauf die Käsemasse verteilen, mit Weißwein beträufeln und mit Reibkäse bestreuen. Bei Heißluft 150 Grad, 25 Minuten garen. Dazu schmeckt prima Reis und Salate.

Ein Blitz-Rezept (auch für Fisch-Skeptiker! Wenn's mal etwas anderes sein soll.
Guten Appetit!

Fischgulasch mit Reis

Zutaten:
600 g Fischfilet (frisch oder gefroren),
1 EL Butterschmalz,
2 große Zwiebeln,
1 Paprikaschote,
2 Karotten,
1 Zucchini,
etwas Lauch,
1 Becher Sauerrahm,
Salz, Pfeffer,
Paprika, Curry

Fischfilet mit Zitrone säuern, salzen und in Würfel schneiden. Gemüse putzen, in Streifen schneiden. Fett in großem Topf erhitzen, Zwiebeln darin glasig dünsten, übriges Gemüse dazu würzen und mit wenig Wasser ablöschen. 5 Minuten dünsten lassen. Fischwürfel auf das Gemüse legen und dünsten, bis die Stücke leicht zerfallen. Nun den Sauerrahm einrühren, aber nicht mehr kochen. Eventuell nachwürzen.
Reis vorbereiten: 1 Teil Reis zu 2 Teilen Wasser mit Salz aufkochen und aufquellen lassen. Schmeckt gut und geht schnell.

Von Karola Haggenmüller,
Wiggensbach-Winnings

Ungarische Fischsuppe

Zutaten:
100 g Räucherspeck,
2 Zwiebeln,
1 EL Rosenpaprika,
600 g Kabeljau,
3 Tomaten,
1 EL Tomatenmark,
3 grüne Paprika,
$\frac{1}{8}$ l Sahne,
1 EL Mehl,
Jodsalz

Speck in Würfel schneiden, blaßgelb rösten, mit Rosenpaprika würzen, vorbereitete (5-S-Regel), kleingeschnittenen Fisch zugeben, mit so viel Wasser aufgießen, dass alles bedeckt ist. In Scheiben geschnittene Tomaten zugeben, feine Paprikastreifen und Tomatenmark hinzufügen und 10 Minuten kochen lassen. Ab und zu aufrütteln. Saure Sahne mit Mehl verrühren und einrühren. Fertig dämpfen, bis der Fisch gar ist. Als Beilage serviere ich Salzkartoffeln
Diese ungarische Fischsuppe enthält viel Jod.

Von Inge Gromer,
Hitzlo-Wiggensbach

Feiner Fischauflauf

Backofen auf 200 Grad vorheizen. Fisch säubern, säuern und salzen. Speck würfeln, Champignons säubern und in dünne Streifen schneiden. Speck auslassen und Champignons und Zwiebel darin anbraten. Saure Sahne mit Tomatenmark und Petersilie verrühren. Mit Pfeffer würzen. Die angebratenen Zutaten zugeben und untermengen. Das erste Fischfilet in eine passend große Auflaufform legen. Die Sahne-Gemüse-Masse darauf verteilen. Das zweite Fischfilet auflegen und mit Käse bestreuen. Im Ofen 30 Minuten garen.
Als Beilage passen Salzkartoffeln oder Reis und Salat. Bei einer Party Stangenweißbrot.

Von Christiane Laubheimer,
Reinstetten

Süße
Hauptgerichte

Apfelstrudel

Die Hälfte des Mehles mit Öl, Essig, Salz, Ei und Wasser in einer Schüssel mit dem Rührgerät (Knethaken) verrühren und mit dem restlichen Mehl zu einem halbweichen Teig verarbeiten. Den gut durchgekneteten Teig zu einem Laib formen und mehrfach mit viel Schwung aufs Backbrett werfen, bis er ganz glatt und zart ist (Zungen wirft). Strudelteig unter einer vorgewärmten Schüssel 30 Minuten ruhen lassen. Dann Teig portionsweise auf bemehltem Küchentuch ausrollen und mit den Händen papierdünn ausziehen. 120 g Butter zerlassen und den ausgezo-

Zutaten:
1 Grundrezept
Strudelteig:
250 g Mehl,
1 Ei,
1 Prise Salz,
gut ⅛ l lauwarmes
Wasser,
2 bis 3 EL Öl (damit der
Teig geschmeidiger wird),
ein wenig, 1 bis 2 EL, Essig
(damit geht der Teig
leicht)

Apfelfüllung:
1 ½ kg säuerliche
Äpfel geschnitzelt,
50 g Sultaninen,
50 g Haselnüsse,
etwa 100 g Zucker mit
Zimt vermischt,
etwas Semmelbrösel,
etwas Sahne,
abgeriebene
Zitronenschale

genen Strudelteig üppig damit bestreichen. Dann darauf etwas Semmelbrösel streuen. Die blättriggeschnittenen Äpfel gleichmäßig verteilen. Mit Zimtzucker, Sultaninen, Nüssen und abgeriebener Zitronenschale bestreuen und mit Sahne beträufeln. Die beiden Seitenränder durch Anheben des Tuches einschlagen, Strudel mit Hilfe des Tuches zusammenrollen und auf das gefettete Backblech legen. Mit flüssiger Butter bestreichen. Im Backofen bei 180 Grad etwa 45 Minuten backen. Eventuell während der Backzeit mehrmals mit Butter bestreichen. Vor dem Anrichten gebackenen Strudel etwas ruhen lassen, um das Auslaufen der Fülle bzw. des Obstsaftes zu verhindern. Warm servieren, mit Puderzucker bestreuen.

Dazu passt sehr gut Vanillesoße.

Auch kalt schmeckt der Apfelstrudel sehr gut, mit etwas Sahne und eventuell noch einer Vanillekugel.

Von Vevi Diebolder,
Lachen (Bild links),
Erika Mann,
Stöttwang (Bild rechts),
und von Sabine Feierle,
Liebenried-Kißlegg

Topfennockerl

Zutaten:
4 EL Butter,
4 EL Zucker,
1 Päckchen Vanillezucker,
¼ l lauwarme Mich

Teig:
500 g Quark,
etwas Salz,
4 ganze Eier,
125 g Mehl

Beilage:
Apfelmus oder Kompott

Backofen auf 200 Grad vorheizen. In eine höhere Kasserolle die Butter geben, Zucker, Vanillezucker und Milch dazu verrühren, etwas erwärmen (lau). Aus Quark, Salz, Eiern und Mehl Teig herstellen. Danach mit einem Eßlöffel Nockerl formen und in die lauwarme Flüssigkeit geben. Im Backofen nicht zugedeckt bei 200 Grad 30 Minuten backen. Die Nockerl werden fast doppelt so groß, müssen sofort gegessen werden, fallen sonst zusammen.
Gutes Gelingen!

Von Karola Haggenmüller,
Wiggensbach-Winnings

Kartoffelküchle

Zutaten:
3 bis 4 (ca. 400 g)
gekochte Kartoffeln
vom Vortag,
etwas Salz,
250 g Mehl,
3 Eigelb
$\frac{1}{4}$ bis $\frac{3}{8}$ l Milch,
3 Eischnee,
reichlich Fett zum
Ausbacken (Butter-
schmalz oder Margarine)

Kartoffeln fein reiben, etwas Salz zugeben. Mehl, Eigelb und Milch dazurühren, danach Eischnee unterheben.

Butterschmalz oder Margarine in einer Pfanne erhitzen. Mit einem großen Gemüselöffel 3 bis 4 Häufchen in die Pfanne geben, etwas flachdrücken und ca. 3 Minuten von jeder Seite goldbraun backen. Sofort zu Tisch geben. Fertige Küchle mit etwas Zucker bestreuen. Als Beilage eine große Schüssel Apfelmus.

Von Caroline Kuisle,
Bidingen-Bernbach

Semmelschmarren

Zutaten:
5 alte Semmel in Scheiben
schneiden,
1 Hand voll Rosinen,
ca. ¼ l heiße Milch,
2 bis 3 EL Zucker mit
etwas Zimt vermischt,
3 Eier

Semmel, Rosinen und heiße Milch in eine Schüssel geben, etwas ziehen lassen, dann Zucker und Eier dazurühren. Masse in einer Pfanne auf beiden Seiten hellbraun backen.
Dazu Apfelkompott oder Apfelmus.

Von Emilie Koch,
Diepolz-Altusried

Scheiterhaufen mit Quark

Zutaten:
8 alte Brötchen
geschnitten,
¼ l warme Milch,
60 g Butter,
150 g Zucker,
2 Eier,
200 g Quark,
500 g Äpfel, geschält,
geraspelt,
100 g Rosinen,
Butter für die Form

Brötchen in warmer Milch einweichen, Butter, Zucker und Eigelb schaumig rühren. Brötchen nach und nach dazugeben. Quark dazugeben und Apfelraspel und Rosinen gut untermischen. Eiweiß steif schlagen und unter die Masse ziehen. In eine gefettete Auflaufform füllen und mit Butterflöckchen belegen.
Bei 200 Grad 40 Minuten backen, dazu Vanillesoße reichen.

Von Thea Schindele,
Waizenried-Untrasried

Kirschenmichel

Zutaten:
200 g trockenes
Schwarzbrot,
60 g geriebene Mandeln,
100 bis 150 g Zucker,
100 bis 120 g Butter,
4 Eier,
1 Messerspitze Zimt,
1 EL Kirschwasser,
etwas Milch,
1 Glas Sauerkirschen oder
ca. 750 g entsteinte
frische Kirschen

Die Kirschen auf einem Sieb abtropfen lassen, den Saft kann man nach Geschmack zum Auflauf reichen. Das geriebene Brot mit den Mandeln vermischen, mit Kirschwasser und Milch anfeuchten. Butter, Zucker, Eigelb und Zimt schaumig rühren und unter das Brotgemisch geben. Nach Belieben kann man noch etwas gehackte Mandeln darunter mischen. Zuletzt das steif geschlagene Eiweiß und die Kirschen unterziehen. Den Auflauf in eine gefettete, mit Semmelbrösel bestreute Form geben und mit Butterflöckchen belegen. Im vorgeheizten Backofen bei 200 Grad ca. 35 bis 45 Minuten backen.

Von Brigitte Maier,
Breitenbrunn

Schneekönigin

Zopf oder Kleingebäck in dünne Scheiben schneiden. Milch, Eigelb, Zucker und Zimt gut verrühren. Äpfel klein schneiden und mit 1 EL Butter ca. 2 Minuten dünsten, 1 EL Zimtzucker dazugeben. Herd 170 Grad Umluft oder Ober-/Unterhitze einschalten. Auflaufform fetten.

⅓ des Gebäcks in Auflaufform schichten, mit einem Löffel ⅓ der Milch-Eigelbmasse darüber verteilen. Die Hälfte der Äpfel darüber verteilen. Vorgang wiederholen! Zum Schluss das letzte Drittel des Gebäcks darüber verteilen, ebenso den Rest von der Milch. Butterflocken darüber verteilen. Ca. 20 Minuten backen.

Nun die 2 Eiweiß mit 1 EL Zucker schaumig schlagen, den Auflauf bedecken und noch 15 Minuten überbacken. Herd ausschalten. Auflauf noch 10 Minuten im Herde lassen.

Essen Kinder sehr gerne, schon der Name macht sie neugierig. Dazu schmeckt kalte Milch sehr gut! Guten Appetit!

Von Marlene Zitzinger,
Oberostendorf

Süßer Knödel mit Kirschkompott

Zutaten:
für den Knödel und
Brösel:
ca. 500 g Hefezopf,
altbacken,
ca. ⅛ l Milch,
2 Eier,
1 Prise Salz,
2 bis 3 EL Zucker,
2 bis 3 EL Zimtzucker,
etwas Butterfett

für das Kompott:
2 Gläser Sauer-
und/oder Süßkirschen,
2 Päckchen Vanillezucker,
1 Päckchen
Vanillepuddingpulver

Von Rosemarie Breyer,
Furtenbach-Durach

Vom Hefezopf ca. 80 g grob abreiben und zusammen mit der Zimt-/Zuckermischung und etwas Butterfett in der Fettpfanne goldgelb abrösten, abkühlen lassen und beiseite stellen. Den restlichen Hefezopf in feine Würfel schneiden, mit der erhitzten Milch übergießen und ziehen lassen. Danach Eier, Salz und Zucker unterkneten, einen Serviettenknödel formen, in ein Geschirrtuch einschlagen und ca. 20 Minuten im kochenden Wasser garen; dabei nach 10 Minuten den Serviettenknödel wenden. Für das Kompott aus dem Kirschsaft, Vanillezucker und Vanillepuddingpulver einen Pudding kochen, Kirschen unterheben und abkühlen lassen.

Den gegarten Serviettenknödel aufschneiden und zusammen mit den Bröseln und dem Kirschkompott servieren.

Ein feines Resteessen für Süßschnäbel, das zu den Lieblingsessen unserer Kinder zählt!

Apfellasagne

Zutaten:
2 Packungen
Puddingpulver,
20 g Speisestärke,
100 g Zucker,
800 g Milch,
250 g Sahne,
2 Eigelb,
2 Eiweiß,
5 EL Zucker,
1 ½ kg Äpfel,
300 g Mandelblättchen,
Lasagneplatten

Milch und Zucker zum Kochen bringen und mit Puddingpulver und Stärke einen festen Pudding kochen. Kalt stellen. Äpfel schälen, in Würfel schneiden oder grob raspeln und mit etwas Zitronensaft und Wasser kurz dünsten (nicht zu weich!). Mandelblättchen in einer Pfanne mit etwas Butter und Zucker anbräunen.

Sahne steif schlagen, Eiweiß mit 2 EL Zucker steif schlagen und Eigelb mit 3 EL Zucker schaumig schlagen. Den abgekühlten Pudding nochmal verrühren und Sahne, Eigelb und Eiweiß vorsichtig unterheben.

Eine Auflaufform ausfetten, dann zuerst Äpfel (eventuell Rosinen), Puddingmasse, Mandelblättchen, Lasagneblätter … so oft man will wiederholen. Den Abschluss macht die Puddingmasse mit den Mandelblättchen. Bei 175 Grad ca. 35 bis 40 Minuten backen! Zuerst mit Deckel, dann noch 15 Minuten ohne Deckel. Dazu passt prima Vanilleeis.

Von Roswitha Baumann,
Ottmannshofen-Leutkirch

Apfel-Pfannkuchen

Zutaten:
250 g Mehl,
1 Prise Salz,
½ l Milch,
2 bis 3 Eier,
3 bis 4 Äpfel,
Zucker,
Zimt

Aus Mehl, Milch, Zucker, Eier und einer Prise Salz einen Teig herstellen. Diesen in einer Pfanne zu dünnen Fladen backen. Äpfel schälen, vierteln und kleinschneiden, anschließend die Apfelschnitze in die Fladen geben und zusammenrollen. Diese Rollen in ein gefettetes Jenaglas nebeneinander legen und im Rohr bei 175 Grad ca. 20 Minuten backen lassen. Kurz vorher die „Rollen" mit Milch übergießen. Mit Puderzucker bestreuen.

Von Mariluise Stölzle,
Oberschönegg,
und von
Manuela Hirscher,
Biesings-Sigmarszell

Grießschnitten

Zutaten:
1 l Milch,
Salz,
1 Zitronenschale,
30 g Butter,
250 g Grieß,
40 g Zucker,
1 bis 2 Eier

Aus Milch, Salz, Butter, Zucker, Grieß und Zitronenschale einen festen Brei kochen und noch heiß die Eier unterrühren. Den Grießbrei nun in eine kalt ausgespülte Kastenform drücken, erkalten lassen. Die Form stürzen und 1 cm breite Schnitten abschneiden und im heißen Butterfett ausbacken. Mit Zucker und Zimt bestreuen.

Von Monika Rabus,
Oberbuxach-Memmingen,
und von Maria Diebolder,
Lachen

Quarkauflauf

Zutaten:
75 g Butter,
150 g Zucker,
3 Eigelb,
Zitronenschale,
500 g Quark,
60 g Grieß,
40 g Speisestärke,
½ Päckchen Backpulver,
3 Eischnee,
Semmelbrösel,
Butterflocken

Eier trennen und die Eiweiß zu einem festen Schnee schlagen. Die Eigelb werden mit der Butter, dem Zucker und der Zitronenschale gut verrührt. Dann wird der Quark hinzugegeben, wobei weiter fest gerührt wird. Grieß, Speisestärke und Backpulver mischen und ebenfalls hinzu, geben und gut verrühren.

Zuletzt wird der Eischnee untergehoben. Die wird in eine eingefettete Auflaufform gefüllt und leicht mit Semmelbrösel und Butterflocken bestreut.

Es können auch Früchte mit in die Form gegeben werden (z.B. Kirschen), diese werden aber vor der Masse eingefüllt.

In 45 Minuten bei 180 Grad ist der Auflauf fertig.

Von Ursula Endres,
Bad Grönenbach

Kirschlasagne

Zutaten:
1 Glas Sauerkirschen,
3 EL Speisestärke,
1 Stück unbehandelte
Zitronenschale,
150 g Zucker,
3 Eier,
75 g Margarine,
1 Prise Salz,
500 g Magerquark,
250 g Schmand,
5 EL Milch,
1 Prise Soßenbinder
Vanille,
9 helle Lasagneplatten
(nicht vorkochen!),
gehobelte Mandeln

Kirschen abtropfen, Saft auffangen, Stärke und 8 EL Kirschsaft glatt rühren. Rest Saft, Zitronenschale und 50 g Zucker aufkochen. Kirschen unterheben, Zitronenschale entfernen. Eier trennen. Fett, 90 g Zucker und Salz schaumig rühren. Eigelb unterrühren, Quark, Schmand, Milch und Soßenpulver zufügen, den restlichen Zucker dabei einrieseln lassen. Eischnee unter die Creme heben.

Eine hohe Auflaufform fetten, 3 bis 4 EL Quarkcreme auf den Boden streichen. Mit 3 Lasagneplatten bedecken. Die Hälfte der Quarkcreme darauf geben und mit weiteren 3 Lasagneblättern abdecken.

Kirschkompott darauf verteilen und die restlichen Lasagneplatten darüber legen. Die übrige Quarkcreme locker darauf streichen.

Lasagne mit Mandelblättchen bestreuen.

Im vorgeheizten Backofen Elektroherd: 200 Grad; Umluft/Gasherd: 175 Grad/Stufe 3; 45 bis 50 Minuten backen. Noch warm mit Puderzucker bestäuben.

Kann gut vorbereitet werden, ist in 20 Minuten zubereitet.

Von Margret Sohler,
Weiler

Birnenauflauf mit Schneehaube

Zutaten:
250 ml Milch,
9 Zwiebäcke,
800 g Birnenkompott,
500 ml Milch,
1 Päckchen Vanille-
puddingpulver,
50 g Zucker,
2 Eier

Zwiebäcke auf Platte legen und mit gut warmer Milch übergießen. Birnenkompott abtropfen lassen, in eine gefettete Auflaufform geben, die Zwiebäcke dicht nebeneinander darauf legen.

Einen Pudding aus 500 ml Milch, Pudding-Pulver, Zucker, 2 Eigelb bereiten. Den Pudding auf die Zwiebäcke geben. Eiweiß steif schlagen und mit 2 TL Zucker süßen.

Gleichmäßig auf den Pudding streichen, die Form auf den Rost in den Backofen schieben.

Ober-/Unterhitze 170 bis 200 Grad (vorgeheizt) Heißluft 150 bis 180 Grad (nicht vorgeheizt), Gas Stufe 2 bis 3; Backzeit 15 bis 20 Minuten.

Für den Auflauf kann auch anderes Obst aus dem Glas oder aus der Dose verwendet werden.

Von Silvia Rist,
Eisenbolz-Weitnau

Lebkuchenküchle

Zutaten:
1 Päckchen weiße
Lebkuchen („Ulmetten")

zum Teig:
150 g Mehl,
Salz,
2 Eier getrennt,
$\frac{1}{8}$ bis $\frac{1}{4}$ l Milch,
1 EL Öl,
Backfett

Lebkuchen in der Mitte durchschneiden.
Aus Mehl, Salz, Eigelb, Milch und Öl dickflüssigen
Teig herstellen, zuletzt den Eischnee unterziehen. Die Lebkuchen in dem Teig wenden, in heißem
Fett schwimmend auf beiden Seiten goldgelb
backen. Mit Puderzucker bestreuen. Auf diese
Weise können auch Ananasscheiben, Birnen
oder halbierte Pfirsiche gebacken werden. Dazu
reiche ich Kompott.
Lebkuchen kaufe ich auf Vorrat, können auch
hart sein, werden beim Backen weich.

Von Centa Schmück,
Weinharz-Buchenberg

Apfelkrapfen

Zutaten:
Nudelteig:
500 g Weizenmehl,
2 Eier,
⅛ l Wasser,
Salz

Äpfel,
Zitrone,
Rosinen,
etwas Rum,
Zucker und Zimt,
½ Becher Sahne

Aus Mehl, Eiern, Wasser und einer Prise Salz einen Nudelteig bereiten, den man auf einem bemehlten Nudelbrett knetet. Nun einzelne (2 bis 3) Fladen ausrollen.

Äpfel schälen, vierteln und kleinschneiden, etwas mit Zitrone beträufeln. Rosinen waschen, in etwas Rum legen und ziehen lassen. Äpfel und Rosinen untereinander mischen und mit Zucker und Zimt und ½ Becher Sahne abschmecken und durchziehen lassen. Auf den ausgerollten Fladen die Äpfel gleichmäßig verteilen. Den Fladen zu einer Rolle zusammenrollen und ca. 5 bis 6 cm abschneiden. Die Krapfen stehend in einer Pfanne mit heißem Butterschmalz braten, beidseitig.

Von Barbara Winter,
Petersthal

Kartäuser Klöße
mit Rotweinsoße

Zutaten:
6 bis 8 Semmeln vom
Vortag oder 8 Scheiben
älteren Hefekranz

zum Einweichen:
2 Eigelb,
50 g Zucker,
1 Prise Salz,
Zitronenschale,
½ l Milch

zum Panieren:
2 Eiweiß,
2 EL Wasser,
Semmelbrösel

Rotweinsoße:
½ l Rotwein,
1 Stange Zimt,
1 Stück Zitronenschale,
Zitronensaft,
1 bis 2 Nelken,
50 bis 80 g Zucker,
1 EL Stärke

Semmeln halbieren und mit der Eiermilch, die aus den Eigelb, Zucker, Salz, Milch und Zitronenschale verquirlt wurde, übergießen, ziehen lassen und vorsichtig darin wenden und mit Semmelbrösel panieren. Nun wird das Ganze in heißem Fett auf beiden Seiten goldgelb gebacken und mit Zimtzucker bestreut.

Für die Rotweinsoße den Wein mit den Gewürzen und Zucker zum Kochen bringen und dann die Gewürze herausnehmen. Mit Stärke abbinden und abschmecken. Die Soße wird noch heiß zu den Kartäuser Klößen gereicht.

Von Ines Sommer,
Hasberg

Hafersalat

Zutaten:
200 g Haferkörner,
100 g Naturreis,
Salz,
verschiedenes Obst, z.B.
Äpfel, Bananen, Orangen,
Weintrauben, Kirschen,
Ananas,
Saft von 2 Zitronen
(nach Geschmack),
Rosinen,
gehackte Walnüsse,
Zucker,
200 g Schlagrahm

Die Haferkörner im Wasser 25 Minuten kochen und dann den Reis zugeben, salzen und weitere 20 Minuten weiterkochen lassen.

Das Obst klein schneiden, mit den Rosinen, den Walnüssen und den Körnern mischen, mit Zitronensaft und Zucker abschmecken. Sahne schlagen und unterheben.

Als Hauptgericht und Nachspeise (½ Rezept) zu verwenden.

Von Ingeborg Pracht,
Bidingen

Quark-Schmarren

Zutaten:
100 g Rosinen,
4 EL Orangenlikör,
6 Eier,
500 g Speisequark
(20 %), Zitronenschale,
4 EL Zucker,
1 Päckchen Vanillezucker,
60 g gemahlene Mandeln,
160 g Mehl,
100 g Butter

Die Rosinen im Orangenlikör marinieren. Die Eier trennen. Eigelb mit Quark, Zitrone, 2 EL Zucker, Vanillezucker und Mandeln sorgfältig verrühren, dann das Mehl unterarbeiten.

Eiweiß steif schlagen und locker unterheben, zum Schluss die Rosinen unterziehen.

Die Hälfte der Butter in einer großen Pfanne erwärmen (oder portionsweise). Den Teig hineingeben und so lange bei milder Hitze stocken lassen, bis die Unterseite etws gebräunt ist.

Den Teig mit Hilfe von 2 Gabeln in Stücke zerrupfen, die Stücke wenden. Die übrige Butter darübergeben und auch den Zucker. Weiter garen, bis die Teigstücke braun und der Zucker karamelisiert ist. Mit Puderzucker bestäubt servieren.

Dazu: Apfel- oder Birnenkompott.

Von Gisela Meichelböck,
Bidingen

Mostküchle

Zutaten:
8 Semmel,
Backfett,
¾ l Most,
Zucker zum Süßen

Flädleteig:
200 g Mehl,
2 Eier,
¼ l Milch,
1 Prise Salz

Flädleteig: In das Mehl wird nacheinander die Milch mit den Eiern eingerührt und mit Salz gewürzt.

Die Semmel werden in je 4 Scheiben geschnitten, die man in Flädleteig wendet und in Fett schwimmend goldgelb herausbäckt.

Anschließend werden sie in eine Schüssel gelegt und mit heißem, gesüßtem Most übergossen. Man lässt sie den Most gut einsaugen, ehe man sie serviert.

*Von Rudolf Buhmann,
Lindau*

Reisauflauf

Zutaten:
1 l Milch,
150 g Reis,
1 Prise Salz,
70 g Butter,
70 g Zucker,
3 Eier

Reis und Salz mit der kalten Milch aufsetzen und so lange kochen bis es eingedickt ist. Erkalten lassen, dabei immer wieder umrühren. Aus Butter, Zucker und Eigelb Schaummasse herstellen, dann Reis löffelweise unterrühren. Eiweiß zu steifem Schnee schlagen und unter die Reismasse heben. In eine gefettete Auflaufform füllen, mit Butterflocken belegen und bei 180 Grad ca. 1 Stunde backen.
Wir essen dazu immer Kompott.

Von Anna Böck,
Schöneberg-Pfaffenhausen

Dampfnudeln mit Äpfeln

Zutaten:
500 g Mehl,
2 Prisen Salz,
⅛ bis ¼ l lauwarme Milch,
40 g Hefe,
40 g Butter,
80 g Zucker,
2 Päckchen Vanillezucker

zum Garen:
4 Äpfel,
2 EL Zucker,
gut ⅛ l Milch,
ein flacher Topf
ca. 24 cm Ø

Zarten Hefeteig herstellen, gehen lassen. Äpfel schälen und in Schnitze schneiden. In einem gut schließenden, flachen Topf Butter zergehen lassen, Milch zugeben und erwärmen. Äpfel hineingeben und Zucker darüberstreuen. Aus dem Hefeteig 7 bis 8 Nudeln abstechen, auf die Äpfel legen und zugedeckt 20 Minuten gehen lassen. Dicht schließenden Deckel auflegen. Bei allmählich zunehmender Hitze zum Kochen bringen. Anfangs bei mäßiger Hitze etwa 30 Minuten garen, bis alle Flüssigkeit eingezogen ist und sich am Topfboden eine Kruste zu bilden beginnt. Der Deckel darf nicht abgenommen werden; man muss es hören, wenn sich die Kruste bildet, die Nudeln krachen oder singen dann. Den Topf bei ausgeschalteter Platte noch 2 Minuten stehen lassen, dann erst den Deckel abnehmen. Warm zu Vanillesoße servieren.

Von Angela Geyer,
Holzmühle-Vogt

Reis-Kirsch-Auflauf
mit Schokohaube

Zutaten:
1 l Milch,
250 g Milchreis,
1 Glas Kirschen,
1 bis 2 EL Speisestärke,
30 g + 30 g + 100 g
Zucker,
4 Eier,
50 g weiche Butter,
Butter-Vanille-Aroma,
2 TL Zitronensaft,
50 g Schokoraspel

Milch und Salz aufkochen. Reis darin bei schwacher Hitze ca. 30 Minuten ausquellen, dann abkühlen lassen. Kirschen abtropfen lassen, Saft auffangen. Stärke und etwas Saft glattrühren. Restlichen Saft und 30 g Zucker aufkochen. Stärke einrühren, erneut aufkochen. Kirschen unterheben. Kompott abkühlen lassen. Eier trennen. 50 g Butter und 30 g Zucker cremig rühren. Eigelb und Aroma zufügen, schaumig rühren. Reis portionsweise unterrühren.

Reis in eine gefettete Auflaufform füllen. Kompott darauf verteilen. Im heißen Backofen bei 175 Grad ca. 25 bis 30 Minuten backen. Eiweiß steif schlagen. 100 g Zucker einrieseln lassen, Zitronensaft zufügen. Eischnee auf dem Auflauf verteilen. Schokoraspel darüberstreuen. Bei gleicher Temperatur ca. 10 Minuten weiterbacken.

Von Brigitte Brutscher,
Fischen

Grießpudding
mit Weinbeeren und Nüssen

Zutaten:
1 l Milch,
125 g Hartweizengrieß,
60 g Zucker,
2 Eier,
50 g geriebene Nüsse,
30 g Weinbeeren,
Vanille,
Zitrone

In die kochende Milch den Grieß einlaufen lassen. Die Gewürze, Zucker, Nüsse und Weinbeeren unter ständigem Rühren hinzufügen. Vom Feuer genommen, werden die 2 Eigelb daruntergerührt und das geschlagene Eiweiß untergezogen. Die Masse in eine gut ausgespülte Form zum Erkalten geben. Danach stürzen und, mit Früchten garniert, anrichten.

Bei uns gibt es den Grießpudding immer während der Heuernte, da man ihn morgens gut zubereiten kann.

Von Barbara Kutter,
Wirtshalde-Dietmannsried

Beilagen

Kartoffelnudeln

Zutaten:
250 bis 300 g Mehl,
Salz,
2 bis 4 EL Wasser,
5 bis 7 am Vortag
gekochte Kartoffeln

Nudelteig herstellen, aus dem Teig kleine fingerlange, bleistiftdicke Nudeln drehen. In kochendem Salzwasser 5 bis 10 Minuten kochen, abseihen, abtropfen lassen und anschließend in heißem Fett leicht anrösten. Die geschälten Kartoffeln in dünne Scheiben schneiden und zusammen anrösten. Mit Salz würzen.

Von Marieluise Stölzle,
Oberschönegg

Bohnengemüse

Zutaten:
750 g Bohnen,
Bohnenkraut

für die Einbrenne:
30 g Fett,
30 g Mehl,
1 Zwiebel, klein gewürfelt,
125 g geräucherter
Speck, klein gewürfelt,
Salz

Bohnen putzen, waschen, schneiden und in wenig kochendem Salzwasser mit Bohnenkraut weich kochen.

Speck in heißem Fett auslassen, Zwiebel darin glasig dünsten, mit Mehl helle Einbrenne herstellen und mit Gemüsesud aufgießen, 5 bis 10 Minuten kochen lassen.

Bohnen zugeben, kurz aufkochen lassen und abschmecken.

Von Marianne Brey,
Pfaffenwinkel-Memmingen

Allgäuer Teigknödel

Zutaten:
500 g Mehl,
8 Eier,
etwas Wasser,
4 Semmel,
Salz,
Pfeffer

Aus Mehl, Eier und etwas Wasser einen dünnen Spätzleteig rühren, mit Salz und Pfeffer würzen. Semmel in kleine Würfel schneiden, dazugeben und gut miteinander vermengen. Kurz ruhen lassen, Knödel formen und sofort ins kochende, gesalzene Wasser geben. Ca. 20 Minuten köcheln lassen.

Dazu reicht man gekochten Schweinebauch und Sauerkraut.

Gutes Gelingen!

Von Cilli Heckelsmiller,
Legau

Kartoffel-Semmel-Knödel
„Mayer-Knödel"

Zutaten:
3 bis 4 gekochte
Kartoffeln,
3 alte Semmeln,
etwas Milch,
1 Zwiebel,
Petersilie,
Salz,
Pfeffer,
Paprika,
Semmelbrösel nach
Bedarf,
3 Eier

Kartoffeln am Vortag kochen, schälen und heiß durchpressen; kalt stellen!

Semmeln schneiden und heiße Milch drübergießen.

Zwiebel kleinschneiden und andünsten, Petersilie dazugeben und ein wenig weiter dünsten!!

Kartoffeln, Semmeln, Zwiebeln, Gewürze und Eier gut durchmischen und nach Bedarf Semmelbrösel dazugeben. Zu einem geschmeidigen Teig verarbeiten. Mittelgroße Knödel formen und im Butterschmalz in einer Pfanne von allen Seiten etwas anbräunen. Danach ca. 20 Minuten bei 150 Grad im Rohr fertig garen. Paßt hervorragend zu Wild oder Sauerbraten. Ergibt 12 bis 13 Knödel!

Von Stefanie Herz,
Ermengerst-Wiggensbach

Falsche Kartoffeln

Zutaten:
250 g Mehl,
ca. ⅛ l Milch,
20 g Hefe,
½ TL Salz,
250 g Kartoffeln,
1 bis 2 Eier

Hefeteig herstellen, Kartoffeln (vom Vortag gekochte!) fein reiben oder durchpressen, mit Hefeteig mischen, gut gehen lassen. Fett erhitzen (Friteuse), „Kartoffeln" abstechen und in schwimmendem Fett knusprig braun backen.
Schmecken sehr gut zu Braten, aber auch einfach so!
Ich habe dieses Rezept für ein Hochzeitsmahl vor vielen Jahren „mitgekocht". Seitdem ist es bei uns zwischendurch eine willkommene, abwechslungsreiche Beilage.
In keinem Kochbuch hab ich es seitdem entdeckt!

Von Maria Zeller,
Bad Grönenbach

Decuvecreis

Zutaten:
30 g Fett,
1 bis 2 Zwiebeln,
1 Paprikaschote,
2 Tomaten,
1 Tasse Reis,
1 ½ Tassen Wasser,
2 EL Tomatenmark,
Paprikapulver,
Salz,
Pfeffer

Zwiebeln in Ringe schneiden, Paprikaschote in Streifen schneiden und Tomaten vierteln. Zwiebeln, Paprikastreifen und Tomatenviertel in Fett kurz andünsten. Reis, Wasser und Tomatenmark dazugeben (Tomatenmark mit etwas Wasser anrühren).

Einmal aufkochen lassen, dann 20 Minuten ziehen lassen. Mit Paprikapulver, Salz und Pfeffer würzen.

Decuvecreis eignet sich als Beilage zu Hackfleischküchle und ähnlichem.

Von Irmgard Grath,
Burkatshofen-Stiefenhofen

Kartoffelgratin

Zutaten:
500 g Kartoffeln,
1 Becher Sahne,
50 ml Milch,
30 g Butter,
Salz,
Pfeffer,
etwas geriebener Käse

Kartoffeln in dünne Scheiben hobeln.
Sahne, Milch und Butter aufkochen lassen.
Eine Lage Kartoffelscheiben in eine feuerfeste Form schichten, salzen, pfeffern und mit etwas geriebenem Käse bestreuen. Dies je nach Größe der Form wiederholen.
Die aufgekochte Rahmmilch darübergießen.
Im Backofen bei ca. 200 Grad ca. 1 Stunde backen.

Von Silke Grotz,
Memmingen

Serviettenknödel

Zutaten:
3 altbackene Brötchen,
oder 150 g Weißbrot,
250 g Quark,
2 Eier,
40 g Grieß,
Salz, Pfeffer

Brötchen oder Weißbrot klein schneiden und in heißem Wasser kurz aufweichen. Mit der Gabel zerdrücken. Quark und Eier etwas verquirlen, Grieß und Brot beifügen, würzen und alles sehr gut vermengen. Einen länglichen Kloß formen und in eine Serviette (Geschirrtuch) einschlagen. Die Enden der Serviette auf dem Topfdeckel übereinanderlegen. In köchelndem, gesalzenem Wasser ca. 45 Minuten ziehen lassen.
Die Serviettenknödel eignen sich hervorragend zu Schweine- und Sauerbraten, Reh- und Wildschweinbraten.

Von Maria Eckel,
Buch

Nachtisch

 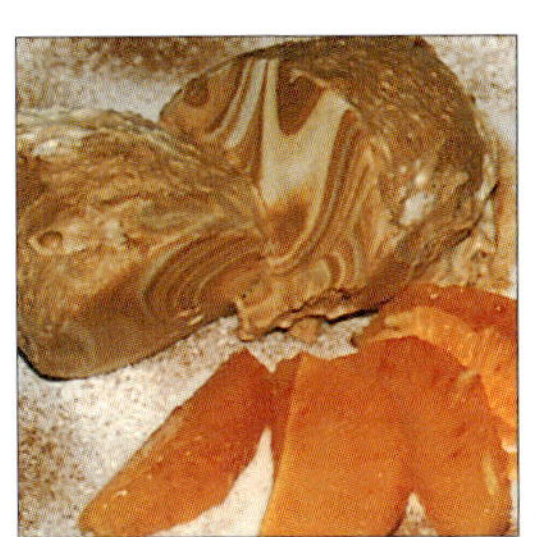  

Bayerische Creme
mit Erdbeersoße

Zutaten:
200 g Tiefkühl-Erdbeeren,
50 g Puderzucker,
3 Blatt Gelatine,
300 ml Sahne,
3 Eigelb,
50 g Zucker,
⅛ l Milch,
Salz,
1 Vanilleschote

Erdbeeren auftauen, pürieren und durch ein Sieb streichen. Den Puderzucker im Püree glattrühren.

Gelatine einweichen, Sahne steif schlagen, Eigelb und Zucker cremig rühren. Milch, eine Prise Salz, die aufgeschlitzte Vanilleschote und das ausgekratzte Mark langsam im Topf aufkochen. Vanilleschote entfernen. Die heiße Milch unter die Eicreme rühren. Die Schüssel über ein heißes Wasserbad stellen und cremig aufschlagen. Gelatine einrühren. Creme kalt werden lassen, ab und zu durchrühren. Sahne steif schlagen und unterheben. Sofort in Dessertgläser füllen. Mindestens 3 Stunden kalt stellen. Mit Erdbeersoße garnieren und servieren.

4 Portionen.

Von Claudia Hane,
Weiler Simmerberg

Apfelgrütze
mit Sahne-Vanille-Soße

Zutaten:
Grütze:
500 g Äpfel,
125 ml Apfelsaft oder
Weißwein,
1 Päckchen Rote Grütze
Himbeer-Geschmack,
3 geh. EL Zucker,
375 ml Apfelsaft

Soße:
1 Päckchen Vanille-
Soßenpulver,
2 EL Zucker,
450 ml Milch,
125 g Schlagsahne

Äpfel schälen, entkernen und in dünne Scheiben oder kleine Stücke schneiden. In Saft oder Wein kurz dünsten, auf einem Sieb abtropfen lassen, Sud auffangen. Rote-Grütze-Pulver mit dem Zucker in etwas Apfelsaft glattrühren. Restlichen Apfelsaft mit dem Sud zum Kochen bringen, Grützenpulver zugeben und einmal aufkochen lassen. Äpfel unterheben. Grütze in Dessertschälchen füllen, abkühlen lassen. Mit Apfelspalten dekorieren. Soßenpulver mit Zucker und 4 EL Milch glattrühren. Restliche Milch aufkochen lassen, Soßenpulver unterrühren. Die Vanillesoße abkühlen lassen. Sahne steif schlagen und unter die Soße heben.
Zur Grütze servieren.

Von Barbara Steinle,
Lautrach-Dilpersried

Quarkspeise „Birne Helene"

Zutaten:
1 kleine Dose
Birnenhälften,
250 g Speisequark,
150 g Joghurt natur,
50 g Zucker,
etwa ⅛ l Milch,
Schlagsahne oder
Birnensaft,
4 EL Schokoladensauce

Birnen auf einem Sieb abtropfen lassen, dabei den Saft auffangen. Quark, Joghurt, Zucker und Milch, Sahne oder Birnensaft gut verrühren. Die Quarkspeise auf 4 Teller verteilen und die Birnen in die Mitte geben. Mit Schokoladensoße beträufeln.

Tipp: Wer keine gekaufte Schokoladensauce verwenden möchte, kann auch selbst eine zubereiten. Dazu 100 g Zartbitterschokolade grob zerkleinern und mit 125 ml Schlagsahne unter Rühren erhitzen, bis die Schokolade aufgelöst ist. Die Soße etwas abkühlen lassen.

Von Stefanie Keck,
Buflings-Oberstaufen

Orangencreme

Zutaten:
¼ l Orangensaft,
3 Eigelb,
80 g Zucker,
6 Blatt Gelatine,
etwas heißes Wasser,
3 Eiklar,
¼ l Schlagsahne,
Obststückchen

Von Susanne Eggel,
Vorderreute-Weitach

Orangensaft, Eigelb und Zucker schaumig rühren. Gelatine 10 Minuten in kaltem Wasser einweichen, ausdrücken, auflösen. In die Schaummasse Gelatine unterrühren. Die Masse zum Ansteifen kühl stellen. Aus dem Eiklar einen Eischnee herstellen und unter die angesteifte Masse heben. Die Hälfte der Sahne schlagen und auch unterheben. Die Creme in Schälchen füllen und mit Sahne und Obststückchen verzieren.

Orangencreme

Zutaten:
1 l Orangensaft,
2 Päckchen
Vanillinpudding,
6 EL Zucker,
400 g Sahne,
eventuell gemischte
Früchte

Von Rosmarie Allstätter,
Tafertshofen

1 l Orangensaft aufkochen, 2 Päckchen Vanillinpudding und 6 EL Zucker einrühren, kalt werden lassen. Danach 400 g Sahne steif geschlagen unterheben. Zum Verbessern kann man gemischte Frucht aus der Dose oder nur Mandarinen oder Ananas unterheben. In kleine Glasschälchen füllen.

Das Ganze kann man auch mit Apfelsaft machen.

Mandel-Mokka-Creme

Zutaten:
½ l Milch,
1 Beutel Puddingpulver
„Mandel-Geschmack",
3 EL (45 g) Zucker,
100 g Schlagsahne,
1 EL löslicher Kaffee

4 EL Milch, Puddingpulver und Zucker glattrühren. Restliche Milch aufkochen. Puddingpulver einrühren und kurz aufkochen und etwas abkühlen lassen. Sahne steif schlagen, Kaffee dabei einstreuen. Sahne unter den leicht abgekühlten Pudding heben. Auf Schälchen verteilen, mit Sahnetupfen und Mokkabohnen verzieren und mindestens 1 Stunde kalt stellen.

Von Rosmarie Brandmeier,
Hörmatzen-Seeg

Schwarz-weißes
Schokoladen-Mousse

Zutaten:
125 g weiße Kuvertüre,
2 Blatt weiße Gelatine,
2 Eier,
2 TL Zucker,
1 EL Pfirsichlikör
60 g Vollmilch
65 g Zartbitter-
kuvertüre,
1 EL Rum

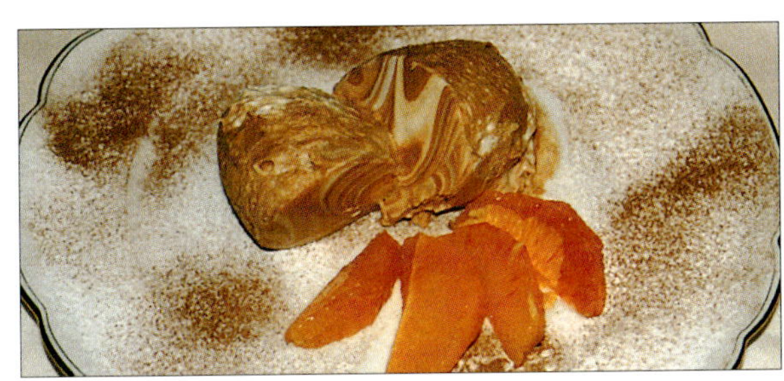

Weiße Mousse: Weiße Kuvertüre im heißen Wasserbad schmelzen, 1 Blatt Gelatine in kaltem Wasser einweichen. 1 Ei und 1 TL Zucker im heißen Wasserbad cremig aufschlagen. Gelatine ausdrücken und unter Rühren in der warmen Eimasse auflösen. Kuvertüre und Pfirsichlikör unterrühren. Sahne steif schlagen. Die Hälfte der Sahne unter die fast abgekühlte Kuvertüre-Ei-Masse ziehen. Die Mousse in eine Schüssel (ca. 20 cm Ø) streichen und für 30 Minuten in den Tiefkühler stellen.

Für die dunkle Mousse Vollmilch- und Zartbitterkuvertüre schmelzen und genauso weiterverarbeiten wie die weiße Mousse.

Die dunkle Mousse auf die helle streichen und mit einer Gabel spiralförmig durch beide Sorten ziehen. Mindestens 6 Stunden kalt stellen. Zum Servieren Nocken abstechen.

Etwas aufwendig, kann aber sehr gut einen Tag vorher hergestellt werden. Für 5 bis 6 Personen.

Von Monika Hösle,
Oberellegg-Wertach

Orangen-Joghurt-Creme
oder Zitronen-Joghurt-Creme

Zutaten:
500 g Naturjoghurt,
⅛ l frischer Orangensaft
(Blutorangen) (oder
Zitronensaft) frisch-
gepresst,
4 TL Fruchtzucker
(oder Süßstoff),
1 Becher Sahne,
6 Blatt Gelatine weiß,
1 Päckchen Orangenfrucht
(oder Zitronenfrucht)
von „Dr. Oetker",
oder frisch geriebene
gewaschene Schale oder
Orangenöl

Joghurt mit frischgepresstem Saft und Schale von einer Frucht (oder „Dr. Oetker Extrakt") und Zucker verrühren. Gelatine nach Anweisung auflösen, 2 bis 3 Löffel von der Joghurtmasse zugeben und umrühren, dann unter Rühren zu der restlichen Joghurtmasse geben. Dann die steif geschlagene Sahne unterheben, in Portionsgläser füllen und kühl stellen. Nach ein paar Stunden verziert servieren.

Orangen- und Zitronenjoghurtcreme schmeckt sehr frisch und leicht, besonders nach üppiger Speise!

Tipp: Sehr schnell zubereitet, in z.B. Tupperschälchen mit verschließbarem Deckel auch schon einen Tag vorher zubereiten.

Von Monika Fluhr,
Kramers-Bad Wurzach

Bratäpfel mit Vanille-Zimt-Eis

Zutaten:
4 mittelgroße Äpfel,
6 TL gemahlene Nüsse,
1 EL Rum,
1 EL Zitronensaft,
1 EL Rosinen,
1 Vanillezucker
Vanille-Zimt-Eis
6 Eigelb,
60 g Zucker,
Mark von 1 Vanillestange,
1 TL Zimt,
1 cl Rum,
¼ l geschlagene Sahne

Äpfel waschen und Kernhaus entfernen. Aus den angegebenen Zutaten eine Masse rühren und die Äpfel damit füllen. Eine Auflaufform mit Butter einfetten, die Äpfel hineinsetzen und Butterflöckchen daraufgeben. Im vorgeheizten Backrohr bei ca. 170 Grad 20 bis 30 Minuten braten lassen. Die Äpfel sind fertig wenn die Haut etwas aufgeplatzt ist.

Vanille-Zimt-Eis:

Die Zutaten sehr schaumig schlagen, etwas zerstoßenes Eis dazugeben und die kühle Sahne vorsichtig unterheben. Die Masse mehrere Stunden gefrieren lassen und öfters durchrühren.

Von Marlene Schwarz,
Bernbeuren

Creme-Pudding

Zutaten:
1 Päckchen Puddingpulver
nach Wahl,
Zucker laut Pudding-
päckchen,
1 getrenntes Ei,
200 ml Schlagrahm,
½ l Milch

Milch erhitzen, etwas kalte Milch zum Anrühren des Puddingpulvers zur Seite nehmen. Pudding-pulver, Zucker, Eigelb und kalte Milch verrühren und unter die kochende Milch rühren. Eiweiß und Schlagrahm schlagen. Warmer Pudding vorsichtig unter das Eiweiß heben. Wenn alles kalt ist, Schlagrahm unterheben und noch mal kühl stellen.

Von Maria Kögel,
Wengen

Früchtepudding

Zutaten:
1 Päckchen
Vanillepudding,
¾ l Milch,
3 EL Zucker,
1 Becher geschlagene
Sahne,
Früchte nach Belieben
(Mandarinen, Pfirsiche
oder ähnlich)

Pudding kochen, erkalten lassen, Sahne unterheben, die Früchte dazugeben. Die Creme einige Zeit in den Gefrierschrank stellen, damit sie schön kalt wird. Schmeckt ausgezeichnet an heißen Sommertagen.

Von Margit Angerhofer,
Bernbeuren

Ananas-Creme

Zutaten:
125 g Ananas-Scheiben
30 g Speisestärke
1 Päckchen Vanillinzucker
2 EL Zitronensaft
$\frac{1}{8}$ l Sahne

Von Rosmarie Brandmaier,
Hörmatzen-Seeg

Ananas-Scheiben (aus der Dose) abtropfen lassen. Saft auffangen, mit Wasser auf $\frac{3}{8}$ l auffüllen. Speisestärke und Vanillin-Zucker mit 6 EL von dem Saft anrühren. Übrigen Saft erhitzen und mit dem angerührten Gustin binden. Masse kalt stellen. Zitronensaft unterrühren. Steif geschlagene Sahne und Ananasstücke unterheben und nochmals kalt stellen.

Ananas-Creme

Zutaten:
1 Dose Ananas,
300 g Vollmilch Joghurt,
1 Päckchen
Vanillinzucker,
3 bis 4 EL Eierlikör,
200 g Sahne,
2 Blatt Gelatine,
5 EL Ananas-Saft,
2 EL Zucker

Von Christine Hörmann,
Greimeltshofen

Ananas abtropfen lassen und in Stücke schneiden. Joghurt, Vanillinzucker, Eierlikör und Zucker verrühren. Sahne steif schlagen und unter die Joghurt-Creme geben, Gelatine und Ananas-Saft unterrühren, 4 bis 5 Stunden kalt stellen.

Sauerkirschbecher

Zutaten:
1 kleines Glas
Sauerkirschen,
1 EL Speisestärke,
1 TL Zucker,
250 g Quark,
1 Päckchen Vanillinzucker,
3 EL Zucker,
100 ml Sahne

Kirschsaft abgießen und in einem Topf erhitzen. Die Speisestärke mit etwas Kirschsaft und dem Zucker anrühren und in den kochenden Saft einrühren. Die Kirschen untermengen. Quark, Zucker und Vanillinzucker mit dem Rührgerät verrühren. Die Sahne steif schlagen und daruntermischen. Quarkmasse und Sauerkirschen schichtweise in Eisbecher füllen. Mit Waffelröllchen und einigen Kirschen verziehren.

Von Anni Kornes,
Dingisweiler-Ronsberg

Mousse au chocolat

Zutaten:
2 Eiweiß,
2 EL Zucker,
100 g Zartbitter-
kuvertüre,
200 bis 250 ml Sahne

2 Eiweiß mit 1 EL Zucker schaumig schlagen, 100 g Zartbitterkuvertüre zergehen lassen, lauwarm mit dem Eiweiß zusammengießen. Die Sahne und 1 EL Zucker steif schlagen und dann unterheben.

Von Gabi Häutle,
Jedesheim

Mousse au chocolat

Zutaten:
100 g bittere Schokolade,
30 g Margarine,
4 Eigelb,
2 EL Zucker,
20 ml Sahne,
4 Eiweiß,
1 Päckchen Vanillezucker

Die Schokolade in 4 EL Wasser zusammen mit der Margarine schmelzen lassen, bis sie Blasen wirft. Die Eigelb mit dem Zucker schaumig schlagen und unter die Schokolade rühren. Etwas abkühlen lassen. Die gekühlte Sahne steif schlagen und den Vanillezucker dazugeben. Die Sahne mit der Schokoladenmasse vermischen. Zum Schluß die steif geschlagenen Eiweiß unterziehen. In Portionsschälchen füllen und gut gekühlt servieren.
Schmeckt locker leicht!

Von Karin Rehklau,
Steinheim-Memmingen

Joghurt-Mousse

Zutaten:
1 Vanillebourbon,
4 Blatt Gelatine,
300 g Vollmilch Joghurt (natur),
75 g Crème fraîche,
75 g Puderzucker,
4 EL Zitronensaft,
4 EL Grand Marnier (Orangenlikör),
150 ml Sahne,
2 Eiweiß

Vanillebourbon, Joghurt, Crème fraîche, Puderzucker, Zitronensaft schaumig rühren. Gelatine auflösen und unter die Masse heben. Likör untermischen, Sahne steif schlagen, Eiweiß steif schlagen. Beides getrennt unter die Masse heben.

Das Ganze mindestens 6 Stunden kühl stellen.

Von Gabi Häutle,
Jedesheim

Grünkern-Beeren-Dessert

Zutaten:
150 g Beeren nach
Wunsch (frisch oder
tiefgekühlt),
50 g Grünkern,
1 Prise Salz,
250 ml Schlagsahne,
3 EL Zucker,
50 g gehobelte Hasel-
nüsse oder Mandeln

Den Grünkern mit ½ Tasse Wasser, Prise Salz und der Hälfte der Schlagsahne auf kleiner Flamme zugedeckt ca. 40 Minuten garen. Dann Zucker unterrühren und kalt werden lassen. Die Beeren je nach Sorte vorbereiten (z.B. abzupfen oder kleinschneiden). Tiefkühl-Beeren auftauen. Restliche Sahne steif schlagen und mit den Beeren unter die Grünkernmasse heben. In Schälchen füllen und mit den Nüssen garnieren. Gut gekühlt servieren..

Von Barbara Steinle,
Lautrach-Dilpersried

Schokolade-Äpfel

Zutaten:
5 mittlere Äpfel,
½ l Milch,
1 Päckchen Puddingpulver,
Wasser zum Dünsten,
½ Stange Zimt,
3 Nelken,
Zucker,
1 Stück Zitronenrinde

Wasser mit Zimt, Nelken, Zucker nach Geschmack, Zitronenrinde zum Kochen bringen. In der Zwischenzeit die Äpfel schälen und vierteln. Äpfelviertel (je nach Größe der Äpfel auch achteln) im Sud dünsten, nicht zu weich. Dann in Dessertschalen verteilen. Im gleichen Topf aus Milch, etwas Zucker und Puddingpulver einen Schokopudding kochen. Sofort auf die Äpfel verteilen und abkühlen lassen. Mit Haselnusskrokant bestreuen. Eventuell mit Sahnetuffs verzieren.

Ist eine schnelle Nachspeise. Die Kinder mögen sie auch sehr gerne.
Für 5 Personen.

Von Monika Kohler,
Häuslen-Altusried

Orangencrêpes

Zutaten:
50 g Mehl,
100 ml Milch,
1 Ei,
1 EL Öl,
1 Prise Salz,
1 Prise Zucker,
Fett zum Ausbacken,
15 g Butter,
20 g Mehl,
abgeriebene Schale von
½ ungespritzten Orange,
2 EL Orangensaft,
1 Eigelb,
2 Eiweiß,
50 g Zucker, Orangen-
scheiben zum Garnieren

Mehl, Milch, Ei, Öl, Salz, Zucker zu einem Eierkuchenteig verrühren und 30 Minuten ausquellen lassen. In einer kleinen Pfanne 4 dünne Crêpes in Fett backen. Die Crêpes auskühlen lassen.

Butter im Topf zerlassen und Mehl unter Rühren anschwitzen. Mit Milch angießen und die Schale von Orange zufügen und aufkochen. Vom Herd nehmen und Orangensaft sowie Eigelb unterrühren.

Eiweiß mit Zucker steif schlagen. Den Eischnee unter die Orangencreme heben. Je 2 EL Orangenmasse auf eine Crêpehälfte geben, die andere Hälfte darüberschlagen. Die Crêpes nebeneinander auf das Blech (belegt mit Backpapier) legen und im vorgeheizten Ofen bei 175 Grad ca. 15 Minuten backen (eventuell mit Orangenscheiben garnieren, man kann die Crêpes auch mit Puderzucker bestäuben).

Von Johanna Scholz,
Krottenhill-Ingenried

Apfelwaffeln mit Nusssahne

Zutaten:
Teig:
200 g Mehl,
75 g Zucker,
1 Päckchen Vanillezucker,
200 g Butter,
2 Eier,
$\frac{1}{8}$ l lauwarmes Wasser,
2 säuerliche Äpfel,
Zitronensaft

Nusssahne:
200 g Sahne,
2 Päckchen Vanillezucker,
50 g gehackte
Haselnüsse

Rührteig herstellen, Äpfel schälen, in kleine Würfel schneiden, mit Zitronensaft beträufeln und unter den Teig rühren und Waffeln backen. Sahne mit Vanillezucker steif schlagen und Nüsse locker unterheben. Zu den Apfelwaffeln servieren.

Von Claudia Biechteler, Woringen

Schokoladensuppe

Zutaten:
ca. 70 g Schokolade,
1 l Milch,
2 Eidotter
oder ½ EL Mehl

70 g Schokolade läßt man mit der Milch (etwas davon zurückhalten) warm werden. Dann die Eidotter oder das Mehl mit der restlichen kalten Milch verrühren und in die warme Suppe einrühren und aufkochen lassen!
Wurde in der Kriegszeit den Kindern mit Zucker bestreutem Brot gereicht. Schmeckt auch fein zu Eis.
Prima um nach der Weihnachtszeit die Schokoladenreste aufzubrauchen.

Von Stefanie Jäger,
Fricken-Böhen

Reis Trauttmansdorff

Zutaten:
500 ml Milch,
1 Prise Salz,
125 g Rundkornreis,
abgeriebene Schale einer
halbenZitrone,
50 g Zucker,
1 Päckchen Vanillezucker,
3 EL Apricot-Brandy,
3 Blatt weiße Gelatine,
125 g geschlagene Sahne,
200 g Aprikosen

Milch und Salz aufkochen lassen, Reis einrühren, ca. 30 Minuten quellen lassen.

Abgeriebene Zitronenschale, Zucker, Vanillezucker und Apricot-Brandy unterrühren. Gelatine nach Packungsanweisung auflösen und ebenfalls in die Reismasse einrühren. Kalt stellen.

Bevor die Masse anfängt zu gelieren, die geschlagene Sahne und die kleingeschnittenen Aprikosen unterheben. Die Reismasse in eine kalt ausgespülte Puddingform oder eine runde Schüssel füllen und kalt stellen.

Wenn der Reis fest ist, stürzen.

Von Marianne Brey,
Pfaffenwinkel-Memmingen

Vanille-Schokoladen-Creme

Zutaten:
2 Blatt weiße Gelatine,
3 Eigelb,
2 Tafeln weiße
Schokolade (à 100 g),
2 Tafeln Vollmilch-
schokolade,
600 ml Sahne,
2 EL Weinbrand

Gelatine einweichen, Eigelb schaumig schlagen, Masse halbieren. Weiße Schokolade mit 6 EL Sahne schmelzen und in die eine Eimasse geben. Die ganze Gelatine flüssig machen und auch schnell unter die Masse rühren. Vollmilchschokolade schmelzen und mit dem Weinbrand in die zweite Eimasse rühren. Sahne schlagen und jeweils eine Hälfte unter die 2 Schokoladencremen heben. Schichtweise die helle und dunkle Creme in eine Schüssel füllen und mit der Gabel marmorieren.

Die Creme ist zwar sehr gehaltvoll, aber schmeckt einmalig!

Von Gisela Meichelböck,
Bidingen

Kuchen

Kirschtorte

Zutaten:
1 Glas Kirschen,
4 Becher Sahne,
Schokoladenbiskuit-
boden,
6 Blatt Gelatine,
4 cl Kirschlikör,
Schokostreusel

Schokobiskuit:
5 Eier,
150 g Zucker,
2 Vanillezucker,
150 g Mehl,
1 Backpulver
3 bis 5 Löffel Kaba

Eier, Zucker und Vanillezucker schaumig rühren, das Mehl, Backpulver und Kaba mit dem Schneebesen untermengen, anschießend in gefettete Form geben (26 cm Ø) und ca. 45 bis 50 Minuten bei 175 Grad backen. Kirschen mit Saft und Likör, etwas Zimt und der Gelatine erwärmen, kalt stellen. Sahne steif schlagen, Kuchen ein- bis zweimal durchschneiden, je nach Gefühl. Abwechselnd Boden – Sahne – Kirschen – Boden – Sahne – Kirschen – Boden – einige Kirschen zum Verzieren aufheben, mit Rest der Sahne, Schokostreuseln und Kirschen Torte verzieren.

Die weiteren Kuchen sind: Orangen-Käsesahne mit Blue Curacao, Mandarinen-Schmand-Torte, Kiwisahne mit Walnusssahne und Walnuss-biskuit.

Von Margit Zeller,
Bolsterlang

„Schneller Butterkuchen"
(à la Frau Thießen)

Zutaten:
300 g Mehl,
220 g Zucker,
1 Becher Sahne (200 ml),
3 Eier,
1 Päckchen Backpulver,
1 Päckchen Vanillezucker,
75 g Butter,
100 g Mandelblättchen,
1 Päckchen Puderzucker

Sahne, Eier und Zucker recht schaumig schlagen, das Mehl und das Backpulver unterrühren. Die Masse auf ein gefettetes oder mit Backpapier ausgelegtes Bratblech verteilen. (Der Teig ist sehr flüssig!). Im vorgeheizten Ofen auf 175 Grad knappe 10 Minuten backen.

In dieser Zeit Butter flüssig schmelzen lassen. Blech herausnehmen und die Butter vorsichtig darüber gießen (verteilen).

Danach die Mandeln darauflegen und nochmals 8 bis 10 Minuten backen.

Zur Garnierung Puderzucker zum Guß anrühren und auf dem fertigen Kuchen verteilen.

Schnell, leicht und lecker.

Von Yasmine
Irmer-Ettensperger,
Oy-Mittelberg

Mandelbrot

Zutaten:
250 g Zucker,
4 Eier,
250 g Sultaninen,
250 g Mandeln,
etwas Zimt und Nelken,
1 TL Backpulver,
500 g Mehl,
alles mischen

Das Ganze zu Stollen 3 bis 4 Stück, in 3 bis 4 cm dicke Rollen mit Zuckerglasur, aber erst nach dem Backen bestreichen. Noch heiß, fingerdicke Scheiben schneiden. Paßt gut als Weihnachtsbäckerei. Hält sich sehr lange. Wenig Arbeit. Weihnachten.

Himbeerschaumtorte

Zutaten:
einen Biskuitboden oder Kuchen.

Creme:
2 Packungen Tiefkühl-Himbeeren,
8 EL Zucker,
1 Tüte Himbeer-Götterspeise,
½ bis ¾ l Sahne

Die Beeren auftauen, Saft auf einem Sieb ablaufen lassen, einige Früchte zum Verzieren zurücklassen. Saft mit Wasser zum ½ l auffüllen. Götterspeisepulver einige Minuten darin quellen lassen, Zucker heiß machen, abkühlen. Die Masse kurz vor dem Erstarren unter die steife Schlagsahne ziehen, Himbeeren zuerst auf den Tortenboden verteilen, dann das Gemisch darauf. Alles über Nacht im Kühlschrank und erst dann verzieren. Etwas Schlagsahne für oben aufheben.
Die Torte ist etwas Besonderes.

Tausendfüßler „Fridolin"

Die Biskuitrolle backen und aufgerollt erkalten lassen. Für die Füllung die Sahne steif schlagen und $\frac{1}{3}$ zum Verzieren zurückbehalten. Die Biskuitrolle vorsichtig abrollen und mit Sahne bestreichen. Die Bananen schälen und kleinschneiden, sofort auf der Sahne verteilen und die Biskuitrolle wieder aufrollen.

Den Kuchen mit der restlichen Sahne bestreichen und schön bunt verzieren. Für die Füße die Schokoladenstäbchen halbieren und fest an die Rolle drücken. Die Augen und die Nase aus bunten Schokoperlen machen und den Mund mit Lebensmittelfarbe oder Nuss-Nougat-Creme. Den Rücken kann man bunt mit den Schokoperlen und Geburtstagskerzen verzieren.

Damit wird jeder Kindergeburtstag ein Renner.

Von Gisela Meichelböck,
Bidingen

Fruchtige Himbeertorte

Zutaten:
Biskuitteig:
3 Eier,
3 EL Wasser,
150 g Zucker,
150 g Mehl,
1 TL Backpulver

Füllung:
1 Päckchen Paradies-
Creme Vanille,
2 Sahne,
3 EL Rum

Belag:
600 g Himbeeren,
3 Tortenguß rot

Biskuitteig zubereiten und bei 160 Grad 20 Minuten backen. Auskühlen, dann 2 Mal durchschneiden. Unterer Belag mit Rum tränken, dann 2 Boden auflegen. Mit der Paradies-Creme und 2 Becher Sahne bestreichen, den letzten Boden auflegen. Mit Himbeeren belegen und 3 Päckchen Tortenguß überziehen.

Von Gabi Slama,
Seeshaupt

Liebes-Herzen

Zutaten:
300 g Mehl,
150 g Margarine,
125 g Zucker,
1 Ei,
1 Päckchen Vanillezucker,
100 g Erdbeer- oder
Himbeer-Marmelade

Mehl in eine Schüssel sieben. Margarine, Zucker, Ei und Vanillezucker dazugeben. Alles zu einem Teig verkneten. (30 Minuten im Kühlschrank ruhen lassen).

Ofen auf 175 Grad vorheizen.

Herzen ausstechen. Bei der Hälfte der Plätzchen in der Mitte kleine Herzen ausstechen.

Die Teigfiguren auf das Blech legen und 10 Minuten backen.

Die Marmelade auf alle Plätzchen ohne Motiv streichen.

Jeweils ein Gebäckstück mit ausgestochener Mitte darauf setzen, vorher mit Puderzucker bestreuen.

Von Brigitte Keller,
Memmingen-Eisenburg

Heidelbeer-Blitz-Kuchen

Zutaten:
für den Teig:
4 Eier,
120 g Zucker,
2 EL Wasser,
100 g Mehl,
20 g Stärkemehl,
½ Päckchen Backpulver,
50 g gemahlene Mandeln

für den Belag:
1 Glas Heidelbeeren,
3 Becher Sahne,
500 g Quark,
2 EL Zucker,
6 Blatt Gelatine,
1 Gläschen Rum-Aroma

Den Biskuitboden, der schon einen Tag vorher gemacht wurde, oder eingefroren war, auf eine Tortenplatte geben und den Tortenring anlegen. Den Saft von den Heidelbeeren heiß machen und die eingeweichte Gelatine darin auflösen. Nun etwas erkalten lassen. Die Heidelbeeren und den Quark dazugeben. Ebenfalls das Rum-Aroma. Dann die geschlagenen, Sahne dazu und leicht unterheben. Jetzt alles in den Tortenring geben über Nacht stehen lassen.

Von Fanny Schiegg,
Freyen-Obergünzburg

Baisertorte mit Schuss

Zutaten:
für den Teig:
50 g Kokosraspeln,
125 g „Sanella",
100 g Zucker,
75 g Weizenmehl,
70 g Speisestärke,
1 gestrichener TL
Backpulver

außerdem:
100 g dunkle
Kuchenglasur,
150 ml „Baileys" (irischer
Whiskey-Likör),
¼ l Schlagsahne,
2 Päckchen Sahnesteif,
3 große Baiserschalen

Für den Rührteig röstet man die Kokosraspeln in einer Pfanne ohne Fett, bis sie goldbraun sind, und lässt sie abkühlen. Die „Sanella"-Margarine wird mit Handrührgerät oder mit Rührbesen auf höchster Stufe geschmeidig gerührt. Nach und nach geben Sie dann den Zucker hinzu, bis eine gebundene Masse entstanden ist. Auch die Eier geben Sie hintereinander mit einem ca. halbminütigen Abstand hinein. Nun schalten Sie den Mixer auf mittlere Stufe und geben eine zuvor zusammengestellte Mischung aus dem Mehl, der Speisestärke und dem Backpulver gesiebt portionsweise in die Masse. Die Kokosraspeln (1 EL lassen Sie zum Bestreuen übrig) werden jetzt ebenfalls zum Teig gegeben und dann geben Sie ihn in eine Springform (26 cm Ø, Boden gefettet), streichen ihn glatt und schieben die Form auf den Rost in den Backofen. Die Backzeit beträgt ca. 25 bis 30 Minuten bei etwa 180 Grad.

Von Manuela Schiegg,
Wald

Anschließend muß der Boden in der Form abkühlen, bevor er aus der Form gelöst und auf einem Kuchenrost gestürzt wird. Die Kuchenglasur wird nach Packungsaufschrift im Wasserbad geschmolzen, dann bestreicht man die Unterseite des Bodens damit und läßt sie fest werden. Legen Sie nun den Boden mit der Schokoladenseite auf eine Tortenplatte, stechen die Oberseite mehrmals mit einer Gabel ein und beträufeln sie dann mit dem Whiskey-Likör. Die steif geschlagene Sahne kommt in einen Spritzbeutel mit großer Sterntülle und wird dicht an dicht auf den Boden gespritzt. Nun zerteilen Sie die Baiserschalen in grobe Stücke und verteilen sie auf der Sahne. Garniert wird abschließend mit den restlichen Kokosraspeln.

Käsekuchen

Zutaten:
Knetteig:
200 g Mehl,
1 TL Backpulver,
75 g Zucker,
75 g Butter,
1 Ei

Füllung:
500 g Quark,
150 g Zucker,
2 Eigelb,
4 EL Öl,
1 Puddingpulver Vanille,
½ l Milch,
1 Prise Salz,
Saft einer Zitrone

Boden in die Form drücken mit Rand. Füllung rühren und alles in die Form geben. Backzeit 190 bis 200 Grad, 1 Stunde, wenn der Kuchen fast fertig ist, 2 Eiweiß mit 2 EL Zucker steif schlagen und auf den Kuchen streichen. Nochmals kurz backen, 10 bis 15 Minuten, bis alles hellbraun ist.

Von Erika Meusburger,
Oberstaufen-
Wiedemannsdorf

Häschen-Amerikaner

Zutaten:
100 g Butter,
100 g Zucker,
1 Päckchen Vanillezucker,
2 Eier,
1 Prise Salz,
1 Päckchen Vanille-
puddingpulver,
3 EL Milch,
250 g Mehl,
3 TL Backpulver,
Puderzuckerguss,
bunte Schokoperlen
(z.B. „Smarties" oder
„M&M's"),
rohe Spaghetti,
rote Lebensmittelfarbe
aus der Tube oder
Nuss-Nougat-Creme,
Karton für die
Hasenohren

Butter und Zucker cremig rühren, Eier langsam unterrühren. Das Puddingpulver mit der Milch anrühren und mit den restlichen Zutaten zu der Buttermasse geben, gut durchrühren. Backblech einfetten und mit einem Esslöffel kleine Häufchen von dem Rührteig auf das Backblech geben.
Im vorgeheizten Backofen 160 bis 180 Grad 15 Minuten backen. Nach 10 Minuten Backzeit bestreicht man die Amerikaner mit Milch und bäckt sie fertig. Die Amerikaner noch heiß mit Puderzuckerglasur bestreichen. Zum Verzieren werden aus einem Karton Ohren geschnitten und eventuell bemalt. Für die Augen und die Nase bunte Schokoperlen verwenden und die Schnurrhaare mit rohen Spaghetti machen. Den Mund malt man mit Nuss-Nougat-Creme oder Lebensmittelfarbe. Heiß begehrt bei Kindern!
Schmecken frisch besonders lecker!

Von Gisela Meichelböck,
Bidingen

Ostfriesische
Bohnensuppen-Torte

Zutaten:
150 g brauner Kandis,
250 g Rosinen,
400 ml Weinbrand,
4 Eigelb,
80 g Zucker,
2 EL warmes Wasser,
4 Eiweiß,
20 g Zucker,
80 g Mehl,
40 g Speisestärke,
75 g kalte Butter,
35 g Puderzucker,
100 g Mehl,
4 Blatt weiße Gelatine,
600 ml Schlagsahne,
50 g Aprikosenkonfitüre,
150 ml Schlagsahne,
30 g Schokostreusel

Von Rudolf Buhmann,
Lindau

Kandis, Rosinen in Weinbrand leicht erwärmen, bis sich der Kandis aufgelöst hat und 2 Tage durchziehen lassen.

Einen Biskuitboden zubereiten:

4 Eigelb, 80 g Zucker, 2 EL warmes Wasser 7 Minuten mit den Quirlen des Handrührers aufschlagen. 4 Eiweiß mit 20 g Zucker sehr steif schlagen und auf die Eigelbcreme geben. 80 g Mehl und 40 g Speisestärke darübersieben und unterheben.

Den Springformboden (26 cm Ø) fetten, die Biskuitmasse hineinfüllen und im vorgeheizten Backofen bei 200 Grad (Gas 3, Umluft 10 bis 12 Minuten bei 180 Grad) 12 bis 15 Minuten auf der 2. Einschubleiste von unten backen. Aus dem Ofen nehmen und auskühlen lassen. Den Boden aus der Form nehmen, zweimal waagerecht durchschneiden.

Einen Mürbteig zubereiten: 75 g kalte Butter mit 35 g Puderzucker und 100 g Mehl schnell mischen und zu einem Teig kneten. In Folie wickeln und 1 Stunde kalt stellen. Den Boden auf 26 cm Ø ausrollen, in die Springform setzen, mehrmals mit einer Gabel einstechen und bei 200 Grad (Gas 3, Umluft 180 Grad) auf der 2. Einschubleiste von unten 10 bis 12 Minuten backen. Kalt werden lassen. Für die Creme die Rosinen abtropfen lassen, den Sirup auffangen und 100 ml davon zur Seite stellen. Die Biskuitböden mit dem restlichen Sirup beträufeln. 4 Blatt weiße Gelatine kalt einweichen. 600 ml Schlagsahne steif schlagen. Die Gelatine tropfnaß auflösen und mit dem Sirup verrühren. 10 Minuten kalt stellen. Die Sahne mit einem Schneebesen unterheben und kalt stellen.

Den Mürbteig mit 50 g Aprikosenkonfitüre bestreichen. Einen Biskuitboden daraufsetzen. Dann Rosinen, Sahne und die Biskuitböden daraufschichten und ca. 4 Stunden kalt stellen. Kurz vorm Servieren 150 ml Sahne steif schlagen. Die Torte aus der Form nehmen. Den Tortenrand damit bestreichen und mit 30 g Schokostreuseln garnieren.

Rübli-Kuchen

Zutaten:
3 Eier,
200 g Zucker,
200 g Mehl,
200 g Karotten gerieben,
100 g gemahlene
Haselnüsse,
⅛ l Speiseöl,
1 TL Backpulver,
½ TL Salz

Eier und Zucker schaumig schlagen, das Speiseöl, Mehl und die geriebenen Karotten dazugeben und mit den übrigen Zutaten vermischen. Eine Springform von 26 cm Ø gut einfetten und die Masse hineingeben. Auf der mittleren Schiene im Ofen bei 180 bis 200 Grad 40 Minuten backen. Erkalten lassen und nach Geschmack mit Johannisbeergelee garnieren.

Von Erika Gebath,
Marktoberdorf

G'walete Küchle

Zutaten:
500 g Mehl,
¼ l Milch,
20 g Hefe,
1 Prise Salz,
150 g Butter,
2 Eier

Hefeteig herstellen, gehen lassen.
Messerrückendick ausrollen, in kleine Vierecke schneiden und im heißen Fett schwimmend ausbacken.
Mit Puderzucker bestreuen.

*Von Erika Biechteler;
Woringen*